LA
TYPOGRAPHIE.

GENÈVE. — IMPRIMERIE A. L. VIGNIER,
Rue du Rhône, maison de la Poste.

LA
TYPOGRAPHIE,

POËME,

Par M. L. Pelletier.

> .... Éternel souvenir
> A toi dont les bienfaits signalent l'influence !
> Source de nos grandeurs, arbre fertile, immense,
> Dont les parfums errans, dispersés dans les airs,
> De leurs germes féconds remplissent l'univers !
>
> (Ernest Legouvé.)

GENÈVE,

AB. CHERBULIEZ, LIBRAIRE, AU HAUT DE LA CITÉ.

PARIS,

MÊME MAISON, RUE DE SEINE-ST.-GERMAIN, 57.

1832

A ma Patrie!

ET

A Genève,

TERRE DE LIBERTÉ!

PRÉFACE.

Pour écrire l'histoire de la Typographie depuis son invention, il faudrait écrire celle des hommes, et les oscillations qu'ils lui ont fait souffrir selon le degré de puissance auquel ils se sont trouvés élevés. Un projet aussi vaste ne m'est jamais entré dans la tête. Jusqu'à ce jour on n'a parlé de la Typographie que comme d'un métier; la plupart des livres qui en traitent n'ont fait que se répéter, ou n'ont donné que des instructions très-superficielles, faites pour les gens du monde, mais incapables de guider le praticien. Aucun ne parle du goût relatif, aucun ne relève les monumens célèbres qui ont illustré cet art, en les indiquant comme modèles, ou plutôt comme types de *grandiose*, et par cela même ne l'assimile dans sa marche aux conceptions d'une imagination brillante.

La peinture a eu ses poètes : le sujet était extrêmement fécond; la reliure, section de la Typographie, a eu le sien aussi, lequel n'est pas resté au-dessous de son sujet. Gillé père a bien consacré quelques lignes à un ouvrage presque oublié de nos jours, et dans lequel on ne trouve aucune étincelle du feu sacré. Depuis la progression sublime des arts sous l'homme extraordinaire qui marqua tout de son vaste génie, nulle production remarquable n'a témoigné l'élan hardi de l'invention de Mayence, et ses anomalies successives, souvent heureuses. Manque-t-il donc de sujets pour célébrer dignement une telle œuvre? Non, certes; mais l'on ne s'est pas encore décroûté de la routine; les principes ont été oubliés, et la plus grande ignorance envahit, depuis bien des années, le domaine de l'art : il n'est pas rare de trouver des compositeurs qui savent lire à peine; et, pour m'exprimer techniquement, on apprend aux élèves à *lever la lettre*, et pas autre chose. Si vous voulez avoir de bons élèves, placez-les chez des hommes à réputation; qu'à leurs yeux s'offrent sans cesse des spécimen élégans; imprégnez leurs jeunes cerveaux de noms sonores qui retentissent à l'imagination; faites germer en eux l'espoir de la célébrité; mais dérobez-les aux conseils de l'imitation servile, qui croit déroger au bien-faire si elle ne copie pas. Quand votre élève a beaucoup vu, et bien vu, et qu'il connaît la ressource des transitions, abandonnez-le à lui-même, lancez-le dans l'arène. Alors, sans remarques aucunes sur ce qu'il produit ou vous présente, approuvez ou désapprouvez laconiquement : pour corriger, laissez-lui ses moyens; qu'il soit à lui-même son guide : « Un homme passionné qui se soumet à l'effet des beaux arts, trouve tout dans son cœur, » a dit St.-Augustin.

Un livre essentiel manque encore à la Typographie. Qui peut le faire? Chacun le sait. Paraîtra-t-il? C'est ce que la carrière prolongée de MM. P. et F. Didot nous apprendra.

Les Anglais ont, depuis peu de temps, produit d'intéressans ouvrages sur l'art : Johnson, Savage, Hansard, l'attestent; on voit que l'élan se soutient chez eux. Leurs impressions en couleur et en or doivent stimuler nos artistes; et pourtant, il y a quelques années, on a marchandé et refusé, en France, la propriété d'une nouvelle découverte pour imprimer en or aussi nettement qu'en noir [1]. Nos voisins d'outre-mer auraient certainement saisi l'occasion, à quelque prix que ce fût : ce n'était pas le cas de lésiner. Il faut le dire : en France, les encouragemens ne sont point nationaux; on n'a point cet orgueil patriotique d'aventurer beaucoup pour la gloire de son pays : la nature a beaucoup fait pour nous; mais depuis quelque temps l'égoïsme a plus fait encore contre nous.

Dois-je dire un mot du rhythme que j'ai suivi? Je n'ai pas craint la sorte de monotonie dont on accuse le vers alexandrin, qui comporte toute la gravité de l'épopée; mais, occupé des détails journaliers d'un atelier, ce n'a jamais été que dans des heures de loisir que j'ai pu donner de la suite à mes idées, pour les rattacher au plan général. J'ai bien présumé qu'à la fin il résulterait une teinte disparate dans l'ouvrage; mais la forme de l'ode permet une marche irrégulière : pour qu'elle ne fût pas trop apparente, j'ai divisé en quatre époques l'ensemble du travail. Je ne sais si l'on n'y verra que des mots : Vauvenargues a fait ce reproche aux odes de Rousseau. Mais si l'enthousiasme suffit pour s'exercer dans un genre, qui plus que moi en a été saisi pour le sujet que je traite? Une nouvelle nature se déployait à mes yeux, les contrastes les plus sublimes se présentaient à mes regards, le gouvernement le plus paternel offrait une pleine sécurité à mes pinceaux, une profession que je chéris me paraissait stationnaire, tout me parlait à la fois : aussi ne doit-on me blâmer en rien pour mes digressions. J'ai peut-être tranché un peu hardiment sur le mérite de l'imprimeur de Parme, dont j'ai toujours été un grand admirateur; j'appuie mon opinion de la déchéance de sa gloire depuis quelque temps, et non sans sujet : sa persévérance à ne donner que des éditions *expurgata* n'atteste-t-elle pas chez lui le paroxisme du ridicule? La Vénus Callipige ayant le sein abattu, ne prouverait-elle pas l'excès du vandalisme? L'iconoclasme et l'abrutissement marchent de pair. Hardi graveur, bon imprimeur, Bodoni pourtant pâlit devant M. P. Didot, le Raphaël de l'art, le désespoir des novateurs.

Ennemi de toute espèce de routine, la base de mon principe, pour la partie instructive, est toujours l'étude. Avec ce guide, l'homme qui a du talent n'a pas à redouter une condition vulgaire; il doit être sûr de s'élever au-dessus de la multitude : par des efforts et du courage, s'il ne brille pas au premier rang dans sa profession, il ne restera certainement pas au dernier. Le mortel doué d'un génie quelconque voit la fortune dans l'indépendance [2], et le bonheur dans l'approbation de ses travaux. Puissé-je être utile sous ce rapport aux sujets qui se consacrent à la Typographie, et, réveillant en eux le mobile d'une louable émulation, leur faire sentir les ressources de leurs propres forces!

Pour paraître aujourd'hui, cet ouvrage, écrit en 1828, était susceptible de grands changemens; j'ai préféré le laisser tel que je l'avais conçu. Les prévisions que j'ai eues, je les conserve encore pour l'avenir. Dans l'art de tromper les hommes (que l'on appelle *la Politique*), on ne veut point marcher avec la vérité; cependant la civilisation perce dans les masses; l'homme du peuple, l'artisan, s'instruit chaque jour sur ses devoirs sociaux; et la hiérarchie des fortunes doit tomber, comme naguère nous avons vu tomber les couronnes et l'hérédité, quand, avec de l'éducation, chaque individu saura échapper à la misère par l'économie, et au despotisme du commerce en faisant valoir lui-même ses bras ou sa tête. *L'émeute alors ne fera plus la morte* [3]; chacun sera sûr de son pain; et l'insolence altière, riche seulement de l'économie de ses pères, n'enchaînera plus les classes laborieuses avec ses capitaux.

Je crois devoir dire un mot des notes que j'ai ajoutées à cet opuscule, et des citations qui en font partie.

Les notes, presque toutes historiques, servent à l'intelligence du texte : elles sont nécessaires aux personnes pour lesquelles la Typographie a eu peu d'intérêt jusqu'à ce jour.

Quant aux citations fréquentes que je fais, voici quel a été mon but: La publicité étant désormais la sauve-garde du bonheur social, j'ai voulu appuyer mes idées d'autorités imposantes, afin d'obéir à l'injonction d'un grand écrivain du siècle, injonction à laquelle tout homme d'honneur doit souscrire : « Quiconque est chargé, dit-il, d'une publicité, d'un « enseignement quelconque, ne peut rester indiffé- « rent à l'état présent de la société; chacun doit, par « ses moyens, seconder le grand mouvement de la « nature des choses [4]. » Pendant quarante années, j'ai obéi à cette loi par la nature de ma condition, en conduisant et dirigeant de nombreuses opérations littéraires dans la Typographie. Voué maintenant à l'instruction publique, pour ma part je seconderai de tous mes efforts ce grand mouvement de la nature en m'efforçant de suivre le chemin de la vérité, sans laquelle on ne peut espérer de félicité parfaite ici-bas : « Faisons le bien, disons le vrai, cherchons le juste, et attendons. » [5]

~~~~~~

NOTES.

[1] Chacun sait que l'or, dissous et mêlé à un corps glutineux, n'acquiert pas toute la liquéfaction nécessaire à l'empreinte des caractères de la Typographie. Jusqu'à ce jour, les impressions en or ont paru pâteuses. En 1827, un jeune homme arrivant de la Martinique, M. Mouret, se présenta à Paris avec des essais de la plus grande beauté; il exécuta même, et réussit par la netteté la plus complète sur des formats très-pleins. Il demandait dix mille francs de sa découverte : on lui en offrait à peine la moitié. Je sus qu'il devait repartir pour le Brésil.

[2] « Jules II avait ordonné à Michel-Ange de s'adresser directement à lui toutes les fois qu'il aurait besoin d'argent pour le tombeau (le sien). Un reste de marbre laissé à Carrare étant arrivé au quai du Tibre, Buonarotti le fit débarquer, transporter sur la place de St.-Pierre, et monta au Vatican pour demander l'argent qui revenait aux maté-

lots. On lui dit que Sa Sainteté n'était pas visible : il n'insista pas. Quelques jours après, il se rendit derechef au palais. Comme il traversait l'antichambre, un laquais lui barra le passage, et lui dit qu'il ne pouvait pas entrer. Un évêque qui se trouvait là par hasard, se hâta de réprimander cet homme, et lui demanda s'il ne savait pas à qui il parlait : « C'est précisément parce que je sais fort bien à qui je parle « que je ne laisse pas passer, dit le laquais : je m'acquitte « de mes ordres. — Et vous direz au Pape, répliqua Michel-« Ange, que si désormais il désire me voir, il m'enverra « chercher. »

« Il retourne chez lui, ordonne à deux domestiques, qui faisaient toute sa maison, de vendre ses meubles, se fait amener des chevaux de poste, part au galop, et arrive encore le même jour à Poggibonzi, village situé hors des états de l'Église, à quelques lieues de Florence. »

(Hist. de la Peinture en Italie, par M. B. A. A. *,
1re édit., II, 274 et 275.)

3 *L'émeute fait la morte.* Victor Hugo, préliminaire des *Feuilles d'Automne*, p. 2.

4 DE LAMARTINE, *Politique rationnelle*, p. 51.

5 *Idem, id.* p. 130.

---

* Quel est le véritable nom de l'auteur de cet ouvrage ? Le bon M. Barbier, dans son Dictionnaire des Anonymes, le signale sous celui de Louis-Alexandre BOMBET. Après avoir vu STENDHAL sur divers ouvrages, et même dans la seconde édition de cette Histoire de la Peinture, on est d'accord de remplacer le pseudo par le nom de BEYLE, qui est réellement, dit-on, celui de l'auteur de ROUGE ET NOIR. Que d'attention pour cacher le titre si beau de père !

Première Époque.

INVENTION.

ARGUMENT.

Le Génie de la Science, fatigué de l'ignorance des peuples, éveille la Pensée sur les bords du Rhin, et découvre à Guttemberg l'art brillant de l'Imprimerie. — Mayence, patrie de cette noble invention. — Fauste fait succéder le métal au bois. — Schœffer régularise le travail, et trouve la gravure sur acier, pour former des poinçons. — La presse perfectionnée. — La Bible, un des premiers ouvrages. — Union de Schœffer et de Faustine. — Fauste se livre au commerce, et voyage. — La Calomnie s'éveille contre lui, et l'accuse de sorcellerie. — Il est absous par le Parlement de Paris.

INVENTION.

Le Dieu qui verse la lumière,
Astre de vie, éblouissant,
Gémissait de voir sur la terre
De ses feux l'éclat impuissant :
Quoi ! dit-il, ma flamme féconde
Vainement brille sur ce monde !
L'ignorance l'enchaîne encor !
Volez, enfans de ma pensée !
Vengez la nature oppressée !
Qu'elle prenne un sublime essor.

Il dit; et le Rhin, sur ses rives,
Voit paraître les demi-dieux
Qui vont des nations captives
Dessiller à jamais les yeux.
Mayence, auguste sanctuaire![1]
C'est toi qui reçus la première
Le dépôt de ce feu sacré:
De ton sein jaillit l'étincelle
Qui donne une forme nouvelle
A l'Univers régénéré.

Guttemberg, franchissant l'espace[2]
Où sommeillait l'Invention,
Fit sortir du front de l'Audace
La bouillante Émulation.
Fauste bientôt lui fit connaître
Le digne émule d'un grand maître
Pour consolider ses essais:[3]
Au plomb donnant une figure,
L'Art suivit une route sûre,
Et s'applaudit de ses succès.

Entrave d'une œuvre sublime,
Les types, en masse coulés,
Dans le cadre qui les comprime
N'étaient point encor nivelés :
Schœffre parut, leva l'obstacle ;[4]
Désormais le plus grand miracle
S'offrit aux regards des humains :
Le vulgaire crut voir un songe ;
Et l'on vit rugir le Mensonge,
Broyant en secret ses venins.

L'acier, devenu malléable,[5]
Multiplie enfin les poinçons ;
Et le marteau, qui les accable,
Fixe l'empreinte en cent façons ;
Du moule le métal liquide
Sous une figure solide
Dès ce moment sort divisé ;
Le travail devient plus sévère :
Tout est, par la rigide équerre,
A la fois régularisé.

La presse reçoit son assise :
Sur un train le coffre, roulant
Sous la platine, avec surprise
Développe son double élan. [6]
Un gluten épais et tenace [7]
Sur le papier laisse la trace
De l'art par Cadmus enseigné ;
Pour l'homme il n'est plus de mystère !...
Tremblez, oppresseurs de la terre !
Votre arrêt de mort est signé.

Déja les races attentives
Devant les siècles écoulés,
Vont des nations fugitives
Sonder les débris mutilés ;
Bientôt le burin de l'Histoire
Va consacrer dans la mémoire
Les grandes réputations ;
La Bible est déja publiée : [8]
De Dieu la voix multipliée
Instruit les générations.

Qui pourrait nombrer les fatigues
De ces artistes courageux,
En butte à l'envie, à ses brigues,
Et réalisant tous les vœux ?
L'amitié les unit en frères ;
Mais de chaînes encor plus chères
Fauste resserra le lien ; [9]
A *Schœffre* il accorda sa fille :
L'espérance de sa famille
En devint aussi le soutien.

Tel, voisin des fières montagnes,
Et méprisant les aquilons,
L'agriculteur dans les campagnes
Défriche d'arides sillons ;
Au sol confiant la semence,
En l'Éternel plein d'assurance,
Il voit, pour prix de ses sueurs,
Le soleil, fécondant la terre,
Dissiper la vapeur grossière,
Et les fruits succéder aux fleurs.

Ainsi de gloire environnée,
L'Invention, par les bienfaits
D'un chaste et fécond hyménée,
Marcha de succès en succès.
Fauste reconnut dans son gendre
Tout ce qu'il avait droit d'attendre
De ses vertus, de ses talens;
Pour ne point arrêter sa course,
Au commerce il chercha la source
De nobles encouragemens. [10]

Propageant l'œuvre de ses veilles,
On le vit dès lors voyager,
Et, dans le doute des merveilles,
Embarrasser l'œil étranger. [11]
Paris l'accueillit : l'opulence
D'abord avec munificence
Paya le prix de ses travaux;
Et de nouveau la Calomnie,
Pour le perdre, en son insomnie
S'indigna d'un lâche repos. [12]

Mais l'Antigone de la France, [13]
Son refuge dans le malheur,
Depuis long-temps son espérance
Au sein même de la douleur,
L'équitable magistrature
Confondit encor l'imposture;
Et, brisant son masque hideux,
Elle dit avec énergie :
« De *Fauste* la seule magie
« Est de savoir parler aux yeux. » [14]

NOTES

DE LA PREMIÈRE ÉPOQUE.

[1] Mayence, auguste sanctuaire....

EXISTE-T-IL encore le moindre doute sur l'établissement de la première imprimerie à Mayence? Depuis long-temps on a fait justice de la relation d'Adrien Junius, que rapporte Meermann. Le vol des ustensiles de Laurent Coster par Fauste, qui se trouve à Harlem dans le temps même qu'il est à Mayence, ne semble-t-il pas un conte fait à plaisir? C'est au cabaret qu'un ouvrier relieur apprend cette nouvelle à Adrien Junius? Et Harlem, qui revendique la découverte la plus importante cent trente ou cent quarante ans après son illustration à Mayence, mais au moment où elle se revêt du plus vif éclat dans toutes les grandes villes de l'Europe! Et Fauste qui, pendant que son patron est à la messe de minuit, fait ses préparatifs de départ, saisit en un clin-d'œil tous les ustensiles qu'il prévoit lui être nécessaires, et chemine, sans être inquiété, avec un bagage qui ne devait pas laisser que d'être pesant!

On a de la peine à croire que de pareilles sottises aient été accréditées pendant un certain temps. Et voilà comme bien souvent autrefois on écrivait l'histoire ! L'erreur courait de bouche en bouche, et s'accréditait avec le temps. Trop de témoignages irrécusables accordent à Mayence la découverte précieuse de l'imprimerie, pour l'en déposséder.

Je sais que l'on a dit : « Le 14me siècle ouvre une « ère nouvelle à la littérature. L'imprimerie est dé- « couverte par Laurent Coster, de Harlem ; mais « Guttemberg, Fauste et Schœffer, surent avec adresse « s'attribuer tout l'honneur d'une invention qui ne « leur appartenait pas. Au reste, elle n'eut pas d'a- » bord des conséquences bien importantes. » (REVUE BRITANNIQUE, n° 45, mars 1829 : *Des Progrès de la Littérature en Hollande*, p. 181.)

Cet article, tout spécieux, est de la plus grande légèreté ou de la plus insigne mauvaise foi. Détruisez d'abord le fait d'un propos de cabaret. Ensuite, chacun doit mettre à sa juste valeur l'invention de Coster, qui s'amusait à tailler des lettres avec du bois : dans la Chine, on en taillait bien avant lui. Mais la mobilisation des caractères (en supposant Coster inventeur), à qui la doit-on ? Ce grand appareil de détails pour utiliser la gravure, cette presse, ces poinçons, cette encre, à qui doit-on tout cela ?

Et cette restriction toute jésuitique : « Au reste,

« elle n'eut pas d'abord des conséquences bien impor-
« tantes, » comme pour rabaisser les efforts des trois grands hommes. *Elle n'eut pas d'abord des conséquences bien importantes!....* Elle mena le peuple à l'instruction, et cette conséquence fut terrible : l'instruction a créé le publicisme; le publicisme a renversé l'orgueil et l'hypocrisie sous la plume des Massillon, des Voltaire, des Diderot, des Beaumarchais, des Mirabeau, etc. etc. De nos jours, le publicisme généralise l'individualité dans un seul homme; elle le fait de tous les pays, de toutes les conditions; elle lui fait atteindre la sommité de toutes les échelles sociales, et lui donne vingt vies pour une.

Honneur! toujours honneur à GUTTEMBERG, à FAUSTE et à SCHOEFFER!!! Quiconque a le sentiment de vie aujourd'hui, ne le doit qu'à ces trois supériorités humaines.

Une lithographie charmante a paru, il y a quelque temps, à Strasbourg : elle représente les inventeurs occupés à leurs essais. Cette gravure, peu répandue, est faite pour piquer la curiosité des amateurs.

[2] Guttemberg, franchissant l'espace....

Qu'on se représente l'esprit stationnaire du siècle où naquit l'imprimerie, et l'on verra combien il fallut d'efforts pour arriver à l'essai le plus imparfait.

Il est vrai de dire que le premier jet de l'invention fut infructueux, si l'on entend par ce mot le matériel de la chose, qui ne donna aucun produit; mais cette ébauche guida le tâtonnement. Guttemberg sentit bien qu'avec du bois il ne pouvait jamais réussir, et, en montrant à Fauste les premiers résultats de l'invention, il lui dit : « Vois ce que mes essais « peuvent devenir : Invente, travaille ! je te récom- « penserai. » Bientôt cette invention fut parfaite. Schœffer s'unit aux deux artistes. Que ne purent alors trois génies créateurs !

A la Bibliothèque de Ste-Geneviève, à Paris, j'ai vu de ces impressions : leur réussite saisit d'admiration.

[3] Pour consolider ses essais....

Avant Fauste, les lettres étaient en bois; en les assemblant, on les fixait au moyen de petites cordes que l'on passait dans des trous pratiqués à cet effet.

[4] Schœffre parut, leva l'obstacle.....

Ce fut Schœffer qui régularisa tout le travail.

[5] L'acier, devenu malléable....

L'invention des poinçons compléta la découverte : dès lors on eut des *matrices* pour fondre avec régularité.

Ce dernier mot souligné est celui dont il eut fallu

me servir, et je l'avais mis au troisième vers de la strophe,

> L'acier, devenu malléable,
> Multiplie enfin les poinçons;
> Et les *matrices*, qu'il accable,
> Se creusent de mille façons.

Le vers était exact; mais, sur l'observation d'un savant professeur de Genève, je changeai ma phrase, et mon idée fut détournée.

La matrice est un petit carré long en cuivre, sur lequel on porte l'empreinte concave du poinçon à coups de marteau. Cela fait, la matrice est fixée au fond du moule, en face de l'ouverture de dix lignes et demie, par où doit couler la fonte, afin d'en recevoir le jet.

> 6 La presse reçoit son assise :
> Sur un train le coffre, roulant
> Sous la platine, avec surprise
> Développe son double élan....

La platine est une plaque de bois, de cuivre poli ou de fonte, adaptée au-dessous de la vis de pression; c'est elle qui opère le tirage par l'action du barreau, que tire l'ouvrier : l'action d'imprimer s'appelle aussi *tirage*.

Pour ce mécanisme, voyez tous les ouvrages qui traitent de la pratique de cet art, et surtout *John Johnson, Typographie*, t. II.

7 Un gluten épais et tenace....

On peut dire que l'imprimerie sortit toute perfectionnée des mains de ses inventeurs. Que l'on voie les premiers produits, l'encre n'a pas changé; tandis que, depuis, et surtout dans l'Allemagne, les impressions jaunissent, et tirent à une décomposition qui prouve qu'au lieu de suivre la voie des premiers maîtres, on s'en est écarté.

Chose remarquable! le sol qui a reçu les premières semences de cet art, est resté stationnaire. Ce n'est que depuis peu de temps que, pour la typographie, l'Allemagne cherche à se démaillotter. La routine, appuyée de l'obstination, enchaîne toujours une partie de ses praticiens. Chez beaucoup des ouvriers voyageurs qui vont à l'étranger, quelle pauvreté de préceptes! quelle gaucherie dans le travail! quelle ignorance absolue! Je n'entends point faire ici de généralités : car il existe de très-bons ouvriers allemands; mais ils sont rares.

8 La Bible est déja publiée....

En 1462.

9 Mais de chaînes encor plus chères
Fauste resserra le lien....

L'origine de l'imprimerie m'a toujours paru un

sujet digne de l'épopée. Il est étonnant que, depuis la masse des connaissances acquises par son influence, aucun génie ne s'en soit emparé. Le sujet semble pourtant bien comporter la matière d'un poëme. D'abord Guttemberg produisant ses ébauches imparfaites, le découragement prêt à s'emparer de lui; l'association de Fauste, qui relève le courage du premier inventeur, et qui fait faire un pas de plus à la découverte; Schœffer régularisant le travail, et produisant des résultats surprenans, au-delà même de ce que Guttemberg espérait; la calomnie cherchant à arrêter l'effet d'une telle œuvre; la persévérance des trois associés; enfin, Fauste unissant Christine, sa fille, à Schœffer, terminerait l'ouvrage par une allocution à plusieurs de ses ouvriers savans, afin de propager un jour cette invention si précieuse pour le bonheur des races futures.

<blockquote>10 Au commerce il chercha la source
De nobles encouragemens.</blockquote>

Il fallait assurer la victoire du génie en propageant ses fruits. Si les trois inventeurs eussent été très-riches, peut-être que l'influence de leur découverte n'eût été que locale pendant long-temps. Point du tout : la puissance divine voulut que, par la nécessité de continuer une œuvre utile, ils répandissent ses bienfaits dans le commerce, pour revenir, avec des capitaux, à des propagations successives.

> [11] Propageant l'œuvre de ses veilles,
> On le vit dès lors voyager,
> Et, dans le doute des merveilles,
> Embarrasser l'œil étranger.

Gabriel Naudé dit que Fauste apporta à Paris des exemplaires de la Bible, qu'il vendait comme manuscrits, et assez cher (60 écus); mais la ressemblance parfaite des exemplaires ayant été reconnue, on présuma qu'il n'en était point ainsi. Plusieurs auteurs disent qu'on l'accusa de magie. Chevilier, citant Uvalchius, dit qu'on lui fit un procès sur la simple accusation d'avoir vendu trop cher ses Bibles, qui furent reconnues *fabriquées par une nouvelle manière*, et qu'alors il se vit dans la position de s'enfuir de Paris. Je me suis conformé à la tradition commune.

A cette *époque heureuse du bon vieux temps*, ce que l'ignorance ne pouvait concevoir était incriminé et proscrit sévèrement par la puissance, qui redoutait la force de la vérité.

> [12] Et de nouveau la Calomnie,
> Pour le perdre, en son insomnie
> S'indigna d'un lâche repos.

Tout ce que je pourrais rapporter de la persécution

de Fauste, ne vaudrait pas le récit charmant que fait à ce sujet le bibliophile Jacob (Paul Lacroix), dans le premier volume des *Soirées de Walter-Scott* à Paris. Dans ce récit, tout est basé sur l'histoire bien élaborée. Le bibliophile est un écrivain consciencieux, qui suit bien la filière des siècles, et dont le style est toujours en rapport avec l'époque qu'il décrit. Voici un extrait de ce charmant récit :

« Annette,.... courant à travers les rues étroites et marécageuses, parvint au logis de Jean Fauste, qui s'étonna de la voir toute pâle et haletante.

« Qu'est-ce, la belle? dit-il en la baisant au front. Quel saint me faut-il remercier de l'heur de votre venue?

— « Tous les saints, peut-être! répondit-elle rapidement, en regardant avec anxiété du côté de la porte. Partez d'ici au moment, ou jamais. Ils sont en humeur de ne vous pas relâcher.

— « Par la Bible! Annette, tu te ris de moi!

— « Plût à Dieu! hors d'ici, et Dieu vous soit en aide! Vous êtes accusé de sortiléges au Parlement, et tout à l'heure les archers viendront vous happer.

— « Moi! miséricorde!

— « Demain, il sera assez tôt de geindre et de larmoyer! Vite, de Paris éloignez-vous; vous y sentez le fagot. Allez en paix; ce service est le guerdon de la Bible.

— « Fuir! oui. J'ai de bonnes jambes avec bonne envie d'être loin. Mais délaisser mon bien, mes livres, à ces limiers de justice, aux calomniateurs!.... au diable plutôt! Aussi, en ai-je assez vendu en cette ingrate et inhospitalière ville. Le reste soit mis en cendre : je sais l'art d'en faire d'autres. »

« Tout-à-coup il saisit dans l'âtre du foyer une bûche enflammée, et la lança au milieu des livres dont le plancher était jonché.

« Merci Dieu! n'en faites rien, s'écria Annette en l'arrêtant : cela vaut de l'or! »

— « Non, ils n'auront pas joie de mes dépouilles!... Anathème sur Paris! Je m'en reviens à Mayence; et puisse avec moi mourir mon secret avant qu'il soit par mes persécuteurs connu et employé! *Væ! væ!* Malheur! malheur! »

« A ces mots il se précipita dans la rue, refermant la porte derrière Annette, qui le suivait les mains jointes; et quelque temps il pressa le pas en silence, jusqu'à ce que le labyrinthe des rues et l'obscurité de la nuit tombante l'eussent mis à l'abri de toute rencontre fâcheuse.

« Adieu, Annette, ma mignonne! dit-il à sa compagne de route, en s'arrêtant dans l'enfoncement d'une maison. En aucun temps je ne me cuiderai libre de gratitude envers toi, qui m'as rendu la vie sauve! Adieu! Fussé-je au ciel, je prierai encore à ton intention mon seigneur Jésus, ne pouvant faire mieux! Tiens, en cette escarcelle est de quoi t'instituer en état honorable, d'autant que mainte fois d'argent dérive vertu. Merci toujours, et bon soir!»

« Il embrassa, les larmes aux yeux, la pauvre fille, qui se sentait défaillir, et s'éloigna brusquement à grands pas. Annette regarda tant que la brume lui permit de l'apercevoir, et il avait entièrement disparu, qu'elle regardait encore, immobile à la même place.

« L'histoire des Bibles, augmentée d'une foule de détails merveilleux, qu'accueillait sans examen l'ignorance du temps, parvint jusqu'à la cour. Louis XI, qui aimait les contes (comme le prouvent les *Cent Nouvelles*, qui lui sont attribuées), après que le récit lui en eut été fait par son confesseur, s'écria en baisant la Notre-Dame de plomb de son chapeau: « Ma bonne mère d'Embrun! qu'il m'en vienne un de ces sorciers écrivant si vite des Bibles, aussi tels livres que voudrai, et je lui octroye une part de mon royaume! »

« Jean de La Pierre, qui avait vu dans cette aventure autre chose que de la sorcellerie, envoya à Mayence un clerc intelligent, lequel, à force d'argent et de promesses, séduisit trois ouvriers de Fauste, et les amena en France. Martin Crantz, Ulric Géring et Michel Friburger, imprimèrent, en 1469, à Paris, dans une maison de Sorbonne, les *Épîtres de Gasparinus Pergamensis.* » (*Soirées de Walter-Scott*, L'IMPRIMERIE.)

Cette époque de l'invention de l'imprimerie n'est point assez appréciée dans les études. De là est sorti tout le bonheur de l'humanité par le développement de la pensée; et la pensée a tellement grandi depuis ce temps, que tout a changé de face dans l'univers. La renaissance des lettres n'a dû sa puissance rapide qu'à l'imprimerie.

¹³ Mais l'Antigone de la France....

« Le Parlement, après un ample informé, déchargea Fauste de toutes les demandes et de toutes les plaintes de ceux qui avaient acquis des Bibles de lui. » (CAPELLE, *Man. de la Typogr. franç.*, 1re livr., p. 18.)

La Magistrature a presque toujours protégé le peuple, en France, contre l'arbitraire. Louis XI lui donna le principe de vie qui a fait sa force, en déclarant les Parlemens inamovibles. C'est elle qui, dans les derniers temps, a compris sa mission honorable : elle a mis au néant la plupart des plaintes préventives d'un gouvernement ombrageux qui méprisait chaque jour les droits du peuple qu'il était appelé à faire respecter, à défendre même, d'après le serment du chef, fait à la face des autels.

14 De Fauste la seule magie
Est de savoir parler aux yeux.

Delille, au second chant de *l'Homme des Champs*, m'a fourni une réminiscence; voici l'épisode :

Jadis, heureux vainqueur d'une terre ennemie,
Un vieillard avait su de ses champs, plus féconds,
Vaincre l'ingratitude et doubler les moissons ;
Il avait, devinant l'art heureux d'Angleterre,
Pétri, décomposé, recomposé la terre,
Créé des prés nouveaux : et les riches sainfoins,
Et l'herbe à triple feuille, avaient payé ses soins.
Ici des jeunes fleurs il doublait la couronne,
Là de fruits innocens enrichissait l'automne.
Nul repos pour ses champs ; et la variété
Seule les délassait de leur fécondité.
Enviant à ses soins un si beau privilége,
Un voisin accusa son art de sortilége.
Cité devant le juge, il étale à ses yeux
La herse, ses rateaux, ses bras laborieux ;
Raconte par quels soins son adresse féconde
A su changer la terre, a su diriger l'onde.
« Voilà mon sortilége et mes enchantemens, »
Leur dit-il. Tout éclate en applaudissemens.
On l'absout ; et son art, doux charme de sa vie,
Comme d'un sol ingrat triomphe de l'envie.

Je fais cette citation, non comme étant de l'invention du poète, puisque c'est Pline (1) qui lui a fourni l'anecdote, mais pour avoir l'occasion de dire que Delille est un poète trop négligé de nos jours.

(1) « *Hæc sunt veneficia mea, Quirites!* » *Hist. natur.*, lib. XVIII, cap. 6.

Deuxième Epoque.

CÉLÉBRITÉS.

ARGUMENT.

Élan de l'imprimerie. — Plusieurs villes s'emparent de cette invention. — Célébrité de Venise. — Jenson y crée le caractère romain. — Alde Manuce invente le caractère italique. — Illustration de cette famille, à qui l'Europe doit l'exhumation des anciens. — Plutarque de Vascosan. — Les Junte, de Florence. — Ulrich Géring, l'un des trois premiers imprimeurs de Paris. — Les Etienne, leur exactitude dans les textes; soins qu'ils apportaient à la correction. — François Ier. — Robert Etienne, persécuté pour sa Bible, se réfugie à Genève. — Belle conduite de cette ville envers les proscrits. — Son dévouement dans la cause des Grecs. — Byron. — Digression. — Les Elzévirs : ils multiplient à l'infini les auteurs anciens par des éditions portatives. — La gloire, véhicule des grands artistes. — C'est elle qui, dans l'Angleterre, enhardit Caxton dans ses travaux. — Witaker. — La France souveraine par le goût. — Fournier, Barbou. — Breitkopf. — Ibarra. — Cervantes et Molière fustigent les ridicules de leur siècle. — Voltaire poursuit l'imposture. — Montesquieu. — Digression. — Genève, terre de souvenirs. — Corinne, Ch. Bonnet, De Saussure. — Rousseau : sa gloire est par toute la terre.

CÉLÉBRITÉS.

Art sublime qu'on divinise,
Rien n'arrête enfin ton essor!
Et de Cologne et de Venise
Déja tu partages le sort; [1]
Déja, sur l'acier qu'il tourmente,
Jenson grave, corrige, invente [2]
Les types surnommés *Romains*.
Alde paraît: [3] et la Science,
S'inclinant devant sa naissance,
Voit l'*Italique* dans ses mains.

Alde!.... Recueillons la mémoire
Devant cet astre lumineux ;
Révérons de nouveau la gloire
Dont s'entoura ce nom fameux :
Honneur de la Typographie,
Ce nom que le Temps déifie
Commande l'admiration ;
Entouré de justes hommages,
Il doit traverser tous les âges
Brillant de vénération.

Des Alde les hautes merveilles,
Rajeunissant l'antiquité,
Du génie offrirent les veilles
Imposantes de majesté : [4]
La voix du maître d'Alexandre
Sur les bancs put se faire entendre
Dictant ses oracles certains ;
Et Virgile, à côté d'Horace,
Sous les roses cachant la grace,
Du goût affermit les destins.

Aussi la Muse de l'histoire
Revint plus belle que jamais;
La presse eut la double victoire
D'immortaliser ses hauts faits :
Exhumant nos vieilles chroniques, [5]
Elle offrit les traits héroïques
Des preux courant au saint tombeau;
Dans Amyot on vit Plutarque
Braver les efforts de la Parque
Sous un appareil tout nouveau.

Pourtant l'Erreur, fille du monde
Que suivent d'aveugles mortels,
Au sein d'une frayeur profonde
Tremblait déja pour ses autels : [6]
Et cependant l'art, jeune encore,
Semblait un faible météore
Éclairant de vieux monumens;
Mais elle craignait la pensée,
Libre de chaînes, empressée
De détruire ses fondemens.

Comment retracer le courage
Et des Pannartz et des Plantins,[7]
Reproduisant à chaque page
L'esprit des Grecs et des Latins ;
Les Junte marchant sur leur trace ;[8]
Et Géring indiquant la place
Des Étienne, au vaste savoir,[9]
Dont le *Trésor,* toujours immense,
Est pour l'orgueil de la science
Des Zoïle le désespoir ?

François premier, qui dans la France
Fit fleurir l'étude et les arts,
D'Étienne soutint la constance,
L'encourageant de ses regards :[10]
Et lui, flatté d'un tel suffrage,
Voulant offrir dans chaque ouvrage
Une rare perfection,
Défiait l'œil de la jeunesse,
Et payait, même avec ivresse,
Le prix d'une correction.

Mais, accablé par l'anathème,
Robert, alors persécuté,
Abrita dans Genève même
Sa fortune et sa liberté. [11]
Genève, terre hospitalière,
Avait reconquis la lumière
Après des siècles de chaos; [12]
En sauvant plus d'une victime,
Elle trompait l'espoir du crime,
Et bravait de lâches bourreaux.

Dès lors, ô terre fortunée,
Si prodigue en larges bienfaits!
De l'innocence condamnée
Ta bonté prévint les souhaits.
Tu fais aujourd'hui plus encore :
Un peuple que le fer dévore
Par tes dons est ressuscité;
Tu soutiens la valeur mourante,
Et l'on voit la Grèce expirante
Bénir ta générosité. [15]

Sur ton sol il n'est plus d'alarmes :
Depuis ton affranchissement,
L'industrie a séché les larmes,
La douleur cède à l'enjoûment ; [14]
Byron, qu'une mâle tristesse [15]
En d'autres lieux courbait sans cesse,
Sous ton ciel puisa la vigueur :
Plein de génie et de courage,
Il courut frapper l'esclavage,
Et mourut en libérateur.

Mais où m'entraîne un beau délire ?
La Reconnaissance, toujours
Attentive aux sons de ma lyre,
De mes chants détourne le cours :
Hé bien ! recevez mes hommages,
Vallons enchanteurs, beaux rivages,
Prés fleuris, monts audacieux !
Du bonheur je ressens l'ivresse ! [16]
Et, sous les lois de la sagesse,
La liberté m'égale aux Dieux !

Cependant une autre famille
Réclame de nouveaux accens;
Du pur éclat dont elle brille
Naissent des souvenirs touchans:
Elzévir!... [17] J'entends le Batave
Briser le joug, et nulle entrave
N'arrête sa témérité;
Elzévir!... Je vois l'élégance
De son luxe orner la science,
Qui marche avec rapidité.

La presse, dans leurs mains actives,
De livres couvrit l'horizon,
Et, sous des formes portatives,
Nourrit l'esprit et la raison:
Tite-Live, César, Ovide,
Par eux, chez la jeunesse avide,
Trouvèrent des admirateurs;
Et Cicéron, à la tribune
De Rome assurant la fortune,
Fit trembler les conspirateurs.

Pour enfanter tant de merveilles,
Quel dieu, de son souffle fécond,
Préparait, échauffait les veilles
De l'artiste au savoir profond ?
La Gloire ! puissance infinie,
Aliment sacré du génie
De l'homme vraiment inspiré ;
Vers elle toujours il s'élance :
Dans l'avenir plein d'assurance,
Il voit son triomphe assuré.

La Gloire !... Ah ! c'est elle sans doute
Qui, pour le bonheur des humains,
De l'étude aplanit la route,
Lui frayant de nouveaux chemins ;
C'est elle qui, dans l'Angleterre,
Méprisant la voix mercenaire
D'un fanatique furieux,
De Caxton assigna la place, [18]
Couvrant sa généreuse audace
De ses rayons victorieux.

Dirai-je du noble insulaire
La courageuse activité,
Marchant sous l'appui tutélaire
Des lois et de la vérité?
Dirai-je sa tige fertile,
Bowyer, Whittingham, Baskerville,
Et tant d'autres aux noms fameux? [19]
Que Witaker m'appelle encore: [20]
Devant ce nouveau météore
J'incline un front respectueux.

Mais ne crois pas, ô belle France!
O ma patrie! ô mes amours!
Qu'oubliant ta magnificence,
Je veuille obscurcir tes beaux jours;
Non, non, tes palmes éternelles,
Toujours fraîches, toujours nouvelles,
Commandent le plus saint respect;
Le goût par toi régit la terre:
Souveraine dans l'art de plaire,
Tout se ranime à ton aspect.

J'en atteste les ombres fières
De tes grands régénérateurs,
Qui, par des principes austères,
De l'art sont les législateurs :
Fournier, dont la main sûre, habile,[21]
Sut arrêter l'emploi servile
Des caractères vicieux ;
Barbou, dont les œuvres charmantes,[22]
Souvent correctes, élégantes,
Réjouirent long-temps les yeux.

Vers la contrée anséatique,
Un astre des plus éclatans
Paraît, et la presse s'applique
A des succès toujours croissans :
Ainsi que Fournier, plein de zèle,
Breitkopf[23] d'une grâce nouvelle
Pare les types allemands ;
Par lui la morale d'un sage
Dans le cœur s'ouvrit un passage
Pour diriger les sentimens.

Pénétré de reconnaissance,
Le Nord révère ses travaux :
De toutes parts, à sa puissance
On rend des hommages nouveaux ;
Même la superbe Ibérie,
Indolente pour l'industrie,
D'Ibarra flattant les efforts, [24]
Quitte sa figure sévère,
Et de Cervantes, qui l'éclaire,
Accueille les joyeux transports.

Don Quichottes de la pensée,
D'or et de pourpre revêtus,
Sous votre iniquité blessée
Enfin vous tombiez abattus.
Au grand jour l'illustre Molière,
Stigmatisant de l'étrivière
Les hypocrites et les sots,
A la presse offrait l'avantage
De s'exhaler avec courage
Pour démasquer les fauts dévots.

DEUXIÈME ÉPOQUE.

Vous l'emportez, sages arbitres
De la raison et de l'erreur !
La Vérité produit ses titres,
Elle trouve plus d'un vengeur.
Voltaire a parlé :.... l'Imposture,
Hideuse en sa retraite obscure,
Frémit à sa causticité;
Montesquieu naît : l'espèce humaine
Recouvre à sa voix souveraine
Ses droits dans la société.

Mais du rocher de Meillerie
Quel souvenir m'est apporté ! [25]
Oh ! transports ! dans la rêverie
Je m'enivre de volupté !
Clarens ! mystérieux bocage,
J'entends sous ton épais feuillage
Le premier soupir de l'amour;
Coppet, tu souris à Corinne :
Son essence toute divine
Embellit ton heureux séjour.

Errant de prodige en prodige,
Le génie, ainsi transporté,
O Genève! d'un doux prestige
Arrête l'esprit enchanté.
Attrait puissant de la mémoire!
Ici chaque espace a sa gloire,
Chaque pierre est un monument;
Tout brille en ta faible étendue :
L'éclair qui sillonne la nue
A l'œil est moins resplendissant.

Là, je vois la demeure sainte
Du philosophe observateur
Qui de l'ame bannit la crainte
En l'élevant au Créateur;
Je vois l'intrépide Saussure,
Pour interroger la nature,
Dompter le colosse des monts;
Mais je cherche en vain l'humble asile
Qui vit naître l'auteur d'Émile :
Où fut-il?... Genève, réponds! [26]

Fidèle amant de la lumière,
Son asile est dans tous les cœurs.
Eh! qu'importe que sa poussière
Reste aux mains des profanateurs? [27]
Ils ont l'enveloppe mortelle :
Mais l'essence pure, éternelle,
De son imagination;
Ce feu sacré des belles ames
Dont la vertu nourrit les flammes,
Plane aux voûtes du Panthéon.

Attila peut venir encore
Ravager de riches moissons;
Il peut du couchant à l'aurore
Vomir ses affreux bataillons :
Jamais, jamais la barbarie
Ne régnera sur la patrie
Du goût, des arts et des talens.
La presse en vain fut opprimée;
La contrainte l'a ranimée :
Elle grandit dans les tourmens.

Où sont donc les milliers de chaînes
Qu'on apprêtait pour l'entourer ?
Tout est détruit : entraves vaines !
La rouille a su les dévorer.
La vapeur, active et pressée, [27]
Aujourd'hui lance la pensée
Dans les climats les plus lointains : [28]
Aussi, plus rapide qu'Éole,
La puissance de la parole
Des peuples change les destins.

NOTES

DE LA DEUXIÈME ÉPOQUE.

[1] Et de Cologne et de Venise,
Déja tu partages le sort....

A la suite du sac de Mayence par Adolphe de Nassau, les ouvriers des trois célèbres imprimeurs se répandirent de tous côtés : Blaauw à Amsterdam, Mertens à Alost, Ulrich Zell à Cologne. Venise, et Rome surtout, gagnèrent à ces suites de la dévastation. Jean de Spire et Jean de Cologne allèrent à Venise, dont l'imprimerie devait rivaliser bientôt avec celle de la métropole du monde chrétien, que Sweynheim, Pannartz et Ulrich Han y élevèrent.

[2] Jenson grave, corrige, invente....

Jenson était français et graveur de médailles à Tours. Il fut envoyé à Mayence par Louis XI, pour y apprendre l'imprimerie ; et, préférant sans doute une terre étrangère à sa patrie, où l'influence idéale d'une vierge de plomb absolvait le roi des crimes les plus atroces, il se retira à Venise avec l'idée de s'illustrer dans l'art qu'il professait. Ce grand homme fut choqué de la pesanteur des lettres gothiques; et, pour former le caractère appelé *Romain*, il composa d'abord les majuscules de capitales latines; et les minuscules furent composées de lettres latines, espagnoles, lombardes, saxonnes, ainsi que des françaises ou carolines, qui se ressemblaient beaucoup. Il donna à ces minuscules une forme simple et gracieuse.

[3] ALDE paraît!....

Il serait inutile de faire ici une notice biographique nouvelle sur cette famille si célèbre, envers laquelle les siècles ne s'acquitteront jamais. Ce fut par amour de la science, par un goût épuré dans le savoir, par une application soutenue au travail, que, ne calculant jamais sur l'intérêt, ils firent tous les sacrifices imaginables pour l'avancement de la science. Ce furent eux qui illuminèrent cette foule d'imprimeurs célèbres que vit naître le 16ᵐᵉ siècle.

L'indigence fut le partage des Alde, parce qu'ils ne firent jamais rien de médiocre. Furent-ils malheureux? Non. Alde, fils de Paul, en mourant sous le poids des éloges, s'était formé un monde idéal, appréciateur de ses longues veilles : privé de sa belle bibliothèque, qu'il avait été forcé de vendre, il s'en consolait par la plénitude de la gloire que des siècles plus éclairés devaient lui rendre un jour.

Le monument que M. Renouard a élevé à cette famille immortelle, est au-dessus de tout éloge.

> 4 Des Alde les hautes merveilles,
> Rajeunissant l'antiquité,
> Du génie offrirent les veilles
> Imposantes de majesté.

« Il est incontestable que c'est la connaissance des études classiques qui a donné la première impulsion aux esprits. Dans les époques précédentes, les prêtres, les moines, avaient sans doute quelque savoir; mais la masse de la société était plongée dans l'ignorance la plus complète; et ce qui suivit donne lieu de croire que cette ignorance avait été entretenue systématiquement par le clergé. Rien ne prouve mieux l'épaisseur des ténèbres qui régnaient alors, que les observations adressées par Conrad, le moine d'Héresbach, à ses auditeurs, peu de temps après le commencement de la Réforme : « Ils ont in-
« venté, disait-il, une nouvelle langue qu'ils appellent
« *le Grec*, contre laquelle vous ne sauriez trop vous
« mettre en garde, car c'est la mère de toutes les
« hérésies. Beaucoup de personnes ont un livre
« nommé *le Nouveau Testament*: il est rempli de

« danger et de poison. Quant à l'hébreu, il est cer-
« tain que ceux qui l'apprennent deviennent juifs
« sur-le-champ. » On peut juger par cet extrait d'un
sermon de Conrad, de la profonde ignorance de ses
contemporains. C'est l'étude des lettres anciennes,
que l'instinct d'un clergé fanatique lui faisait proscrire, qui, la première, fit pénétrer le jour dans ces
ténèbres. Aujourd'hui il serait difficile de se faire
une idée de toute l'influence qu'a eue cette étude
dans un siècle ignorant et barbare. Quand il existait
si peu de modèles à suivre dans les langues vivantes,
l'élévation de la pensée et la grace du style, qui se
rencontrent chez les meilleurs écrivains de l'antiquité, produisirent un effet surprenant et subit sur
tous ceux qui étudiaient : ils se trouvaient comme
introduits dans un monde nouveau, et les idées
qu'ils acquéraient, propagées par leur conversation
ou leurs écrits dans les autres classes, en modifiaient
rapidement l'esprit et les opinions. » (*Revue Britan.*,
n° 46, p. 254 et 255.)

⁵ Exhumant nos vieilles chroniques....

Les historiens des Croisades, Joinville et autres.
Le Plutarque de Vascosan, encore recherché aujourd'hui, quand l'exemplaire est bien conditionné
en papier et en reliure.

⁶ Pourtant l'Erreur, fille du monde....
Tremblait déjà pour ses autels.

Voyez la note 4 ci-devant, et plus loin celle sur Caxton.

⁷ Comment retracer le courage
Et des Pannartz et des Plantins....

Arnold Pannartz avait été ouvrier chez Guttemberg, d'où il était sorti pour aller en Italie, au commencement du pontificat de Paul II. Aidé de quelques autres ouvriers, il forma un établissement dans le monastère de Sublac; ils y imprimèrent le *Donat* sans date, le *Lactance* de 1465, et *la Cité de Dieu* de 1467. Appelé à Rome par François de Maximis, il y donna des éditions non moins célèbres de Cicéron, de St.-Jérôme et autres.

Christophe Plantin, né à Mont-Louis, près de Tours, en 1514, dut sa célébrité à un événement qui pensa lui coûter la vie. Venu fort jeune à Paris, il y apprit l'état de relieur. Il prit quelques notions de la typographie à Caen; et, après avoir visité quelques principaux ateliers de France, il se retira à Anvers, et s'y mit à faire des boîtes de carton.

M. Renouard trace de la manière suivante l'histoire de la fortune de cet habile imprimeur :

« A mon passage à Anvers, en 1817, une personne, non pas de la descendance directe de Plantin, mais cependant bien appartenant à sa famille, m'a communiqué une anecdote fort curieuse, qui fait connaître comment Plantin est devenu imprimeur. On sait qu'il était Tourangeau. Assez mal partagé des biens de la fortune, il était venu à Anvers, où, dans une petite boutique, il gagnait sa vie à faire, avec beaucoup d'adresse, des boîtes de carton, et autres bagatelles de cette sorte. Un soir, traversant la place de Mer, il reçut à l'improviste, dans le ventre, un coup de poignard, qui lui fit une dangereuse blessure. Il avait reconnu l'assassin, jeune Anversois de grande fortune; il lui fit savoir que son intention était de poursuivre la réparation de cette attaque injuste. Ce jeune homme va le visiter, lui proteste qu'il n'a jamais eu l'intention de lui nuire, que c'est une funeste méprise; qu'en le frappant, il avait cru se venger d'un rival. Plantin reste inflexible. Le père du jeune homme joint ses instances à celles de son fils, et enfin on détermine le blessé à s'abstenir de toutes poursuites judiciaires, et à se contenter d'une très-forte somme d'argent, avec laquelle, aussitôt après sa guérison, il acheta une maison, éleva une imprimerie, et commença ces travaux qui devaient le rendre si célèbre. Au bout de quelques années il quitta cette maison, devenue trop petite pour l'importance de ses opérations, et en acquit une fort belle, dans la place du Marché-au-Vendredi, où son imprimerie est encore existante dans les mains de MM. Moretus, ses descendans. » (*Catal. de la Bibl. d'un Amat.*, t. IV, p. 241.)

Comme Robert Étienne, Plantin exposait à sa porte les épreuves des livres qu'il imprimait, et donnait une récompense à quiconque lui signalait des fautes. La Bible polyglotte d'Alcala passe pour son chef-d'œuvre.

<blockquote>8 Les Junte marchant sur leur trace....</blockquote>

En italien *Giunta* et *Zunta*, célèbres imprimeurs de Venise et de Florence, où ils s'établirent vers la fin du 15me siècle. Philippe obtint, du pape Léon X, un privilége pour l'impression des auteurs grecs et latins. A la fin de quelques-unes de ses éditions, on trouve ce privilége, dans lequel le saint Père lance l'excommunication contre les contrefacteurs de ces éditions. Des descendans des Junte vinrent s'établir à Lyon. M. Renouard rend un grand hommage à ces imprimeurs célèbres. Dans le troisième volume des *Annales* de l'imprimerie des Alde, il en donne l'histoire.

<blockquote>9 Et Géring indiquant la place
Des Étienne, au vaste savoir.</blockquote>

Ulric Géring était de Lucerne. Sur l'invitation de Jean de La Pierre, de Bâle, docteur en Sorbonne, il vint à Paris en 1469, pour y établir la première imprimerie conjointement avec Guillaume Fichet.

La souche de la nombreuse famille des Étienne est Henri Ier, né à Paris en 1470. Le premier, il fit usage des errata dans ses éditions.

Le plus illustre membre de cette famille est Robert, fils de Henri Ier. Il était né en 1503, et se distinguait par une connaissance parfaite des langues anciennes et des belles-lettres. Le livre sorti de ses presses, et qui a toujours passé pour son chef-d'œuvre, est le *Thesaurus linguæ latinæ*, deux volumes in-folio. Afin d'arriver à une correction parfaite dans ses éditions, il donnait un sou aux écoliers pour chaque faute qu'ils trouvaient dans les épreuves exposées à cet effet au-devant de sa boutique.

¹⁰ François premier, qui dans la France
Fit fleurir l'étude et les arts,
D'Etienne soutint la constance,
L'encourageant de ses regards.

D'après *Chevillier*, *Maittaire*, *Lacaille* et autres, M. J. Porthmann raconte le trait suivant : « François Ier, aussi encourageant pour les sciences qu'il était grand et redoutable sur le champ de bataille, aimait à trouver, dans la société des hommes de lettres qui l'entouraient, une conversation instructive autant qu'aimable, et souvent une distraction à ses graves occupations. Il faisait à Étienne de fréquentes visites; quelquefois même il se plaisait à le voir travailler dans son imprimerie. Un jour, il entra pendant qu'il s'occupait à lire une épreuve; Étienne se levait pour aller au devant de son prince : *Restez*, lui dit le Roi; *j'attendrai la fin de votre lecture.* Il insista, et ne voulut pas interrompre son imprimeur que l'épreuve ne fût corrigée. »

[1] Mais, accablé par l'anathème,
Robert, alors persécuté,
Abrita dans Genève même
Sa fortune et sa liberté.

Il fut incriminé pour avoir ajouté les notes de Calvin à la Bible qu'il avait donnée, et qui était la version de Léon-Juda. En se retirant à Genève, il emporta les matrices des caractères grecs dont François Ier l'avait rendu dépositaire, et qui avaient servi à ses éditions. Son petit-fils Paul les engagea entre les mains des seigneurs de cette ville, pour la somme de mille écus. Le clergé de France les réclama en 1619 par l'intervention de Louis XIII. Robert Étienne mourut à Genève en 1559, âgé de 56 ans. Son fils Henri II, qui lui succéda, était non moins savant, et donna le *Thesaurus linguæ græcæ*, en 4 volumes in-folio. Une Apologie pour Hérodote le fit condamner à être brûlé en effigie; et, retiré dans les montagnes de l'Auvergne au milieu des neiges, pour éviter les poursuites, il disait fort plaisamment *qu'il n'avait jamais eu plus froid que quand on le brûlait.*

Le président de Thou a prétendu que la France était plus redevable à Robert Étienne pour avoir perfectionné l'imprimerie, qu'à ses plus grands capitaines pour avoir reculé ses frontières. Quelqu'outré que soit cet éloge, Étienne le méritait à plusieurs égards.

[12] Genève, terre hospitalière,
Avait reconquis la lumière
Après des siècles de chaos....

Post tenebras lux, devise de la ville de Genève.

C'est une chose bien remarquable que la position d'un pays comme Genève, au fond d'une vallée, riche de tout ce que la nature a de plus enchanteur, et de ce que l'histoire a de plus intéressant en souvenirs. Dans l'état progressif de la civilisation, Genève a donné l'exemple de l'émancipation, et ce bonheur social dont elle a joui si tôt s'est montré sous l'expansion de la générosité et du courage, en donnant asile à de malheureux proscrits, et en consolidant les bienfaits de la Réforme. Il semble que le Ciel l'ait récompensée de ses efforts : dans sa petite localité, on voit réunis l'amour national et l'industrie, deux élémens principaux de la prospérité des états.

13 Et l'on voit la Grèce expirante
Bénir ta générosité.

Quelle ville, plus que Genève, s'est dévouée à la Grèce malheureuse? On ne fixe jamais assez l'attention sur les faits particuliers des peuples : les souscriptions hebdomadaires en faveur des Hellènes, dont on n'a arrêté le massacre qu'à la dernière fraction, est un exemple rare de bienfaisance généreusement combiné à Genève. Cette ville peut offrir plus de dévouemens de toutes sortes en faveur de ce peuple, que des états de plusieurs millions d'individus. La république de Genève a *cinquante mille âmes!*

14 La douleur cède à l'enjouement....

Les oppositions si gracieuses du sol genevois agissent singulièrement sur la santé des étrangers attaqués de maladies de langueur. C'est principalement pour les habitans des grandes cités que cette puissance a lieu : aussi, beaucoup de voyageurs y terminent leurs courses en s'y fixant, et d'autres, forcés de le quitter, désirent toujours y revenir : *Omne solum forti patria est.*

¹⁵ Byron, qu'une mâle tristesse....

Qui pourrait rendre compte de toutes les extases dans lesquelles lord Byron s'est trouvé à la vue réitérée des sites qui bordent le lac de Genève? A Cologny, on se souvient encore de ses brusqueries, de ses irrégularités dans le caractère, trop communes aux hommes de génie. On se souvient aussi de son cœur excellent :

Deux domestiques du fermier de la maison Diodati, où il demeurait, furent volés pendant le sommeil; on leur enleva leurs montres et des effets, parmi lesquels étaient les habits de dimanche de l'un d'eux. Le lendemain lord Byron apprit ce malheur; et, après avoir demandé le total de la perte de ces pauvres gens, il leur en fit compter le montant avec le sang-froid d'un homme accoutumé à de pareils actes. (Voy. à la fin les *Notes supplémentaires*.)

¹⁶ Du bonheur je ressens l'ivresse!....

Il faut avoir soupiré pendant long-temps après l'aspect des sublimités de la nature pour apprécier l'enthousiasme dont on est saisi quand on les voit. Ce bonheur, qui n'est qu'idéal pour de certains êtres, est un bien réel pour celui qui l'éprouve.

¹⁷ Cependant une autre famille....
Elzévir!....

Nulle famille, dans la typographie, n'a plus popularisé et facilité l'étude des lettres que celle-ci, par la variété des ouvrages qu'elle a imprimés, et la commodité des formats qu'elle y donnait. Successivement établis à Leyde, à La Haye, à Utrecht et à Amsterdam, les Elzévirs répandirent leurs éditions dans toutes les parties du monde où les sciences étaient alors en faveur. La correction, le luxe et la netteté qu'ils apportaient à ces éditions, en se servant des types de Garamond, les plus beaux alors, les firent rechercher de chacun; et leur donnent encore à ce titre une place dans toutes les bibliothèques d'amateurs, quand les marges sont belles.

Les personnes curieuses des chefs-d'œuvre de l'art typographique verront toujours avec plaisir le *Corpus Juris civilis* in-folio de Louis et Daniel Elzévir. Bien que ce livre si beau porte la date de 1663, et que Louis mourut en 1662, ce dernier ne doit pas moins partager la célébrité qui se rattache à un tel chef-d'œuvre. La confection de ce livre a dû coûter bien des années surchargées de veilles pénibles; la beauté de son tirage est d'autant plus étonnante, qu'à cette époque on se servait de presses à nerfs, qui offraient de grandes difficultés pour mettre en rapport la platine avec le marbre. A cette époque, l'ouvrier à la presse qui parvenait à une telle beauté d'exécution, était un véritable artiste: le mécanicien n'avait pas fait la moitié de sa besogne. L'auteur de l'*Essai bibliographique sur les éditions des Elzévirs* a su bien apprécier de telles difficultés quand, au sujet de cet ouvrage, il a tracé les lignes suivantes :

« Les difficultés que ce volume a présentées pour l'imprimer, ont dû être d'autant plus grandes que le mécanisme des presses était moins perfectionné. Cependant on est forcé de convenir qu'aujourd'hui même on n'obtiendrait peut-être pas, sous le rapport du tirage, un résultat plus parfait. La disposition des matières contenues dans chaque page offrait aussi des obstacles qui ont été habilement vaincus. Ce n'était pas une chose aisée que de combiner, sans confusion, des caractères romains de plusieurs dimensions, des italiques, des capitales, des caractères grecs, et d'en couvrir des pages imprimées à deux colonnes, et entourées, pour ainsi dire, de notes marginales et autres. Toutes ces difficultés ont été surmontées. Malgré la petitesse des caractères, malgré la grandeur de la justification, et malgré l'abondance des matières, ce livre se lit avec une grande facilité, et sans embarras ni fatigue pour les yeux. Cette édition enfin est restée la plus belle, comme elle est la meilleure de cet ouvrage important et souvent réimprimé. »

Je dois à l'extrême obligeance de M. Favre-Bertrand, de Genève, l'examen réitéré d'un bel exemplaire de ce livre, que cet amateur éclairé possède, avec nombre d'autres curiosités bibliographiques qu'il se fait un vrai plaisir de montrer aux justes appréciateurs de telles richesses.

Pour avoir d'amples détails sur les éditions elzéviriennes, on peut consulter avec fruit l'*Essai* mentionné ci-dessus, imprimé à Paris en 1822, chez Firmin Didot.

> [18] C'est elle qui, dans l'Angleterre.....
> De Caxton assigna la place.....

Voilà un de ces hommes en qui l'essence divine se révèle! Guillaume Caxton n'importa pas en Angleterre le grand art de l'imprimerie par esprit d'intérêt, mais par amour pour l'humanité; il présageait tous les bienfaits d'une telle découverte: aussi les gens qui vivent d'imposture en craignaient les conséquences; un évêque de Londres disait en pleine assemblée: *Si nous ne parvenons pas à détruire cette dangereuse invention, elle nous détruira.* Un satellite des Stuart parjures contestait à Caxton le droit d'imprimer, parce que, selon lui, Henri VI avait acheté en Hollande le secret de l'imprimerie quelques années avant le retour de Caxton dans sa patrie; Shakespeare lui-même sacrifia à l'idole dans sa tragédie de Henri VI, en faisant adresser des reproches à lord Say par le rebelle John Cade, avant de l'envoyer à la mort : « Au lieu que nos pères ne con-

« naissaient d'autres livres que la taille, qui leur ser-
« vait de registre, tu as introduit l'imprimerie au
« grand détriment du roi, etc. »

Caxton fut un homme recommandable par ses vertus privées ; il avait pris le goût de l'imprimerie en Hollande, et ce fut à la prière de Marguerite d'Yorck, femme de Charles-le-Téméraire, qu'il traduisit du français en anglais le *Recueil des Histoires de Troye*, dont l'impression fut terminée à Cologne en 1471, et non commencée à Bruges, comme le porte la *Biographie Universelle*, puisque le premier livre sorti des presses de Colard Mansion, premier imprimeur de cette ville, est de 1473. Ce fut à l'âge de 60 ans que Caxton se fit imprimeur à Londres ; il établit son atelier dans l'abbaye de Westminster. A l'instar, d'autres ateliers furent élevés dans divers couvens, et de là est dérivé probablement le nom de *Chapelle*, terme de l'art, qui signifie l'ensemble des ouvriers : *Frustrer les droits de la Chapelle*, c'est-à-dire les droits des ouvriers ; *bons de Chapelle*, bénéfices des ouvriers.

Caxton était instruit, sans être savant ; même il avait peu de latin. L'ardeur pour son état le portait à être à la fois traducteur, compositeur, imprimeur, coloriste et relieur. Il était né en 1410 dans le comté de Kent, et termina sa carrière en 1491. La date de la fondation de son imprimerie doit être de 1470, et non de 1477, comme le dit Peignot, puisque ses biographes lui donnent soixante ans à cette époque. Le même savant bibliographe mentionne (1) un nommé Jean Lettou comme premier imprimeur à Londres en 1480. (Voyez l'Histoire des Typographes en bois, dans John Johnson, *Typographia, or the Printers' Instructor.*)

<blockquote>
¹⁹ Bowyer, Whittingham, Baskerville,
Et tant d'autres aux noms fameux....
</blockquote>

Guillaume Bowyer, savant imprimeur anglais, né à Londres en 1699, mort en 1777. Ses éditions furent recherchées. Parmi ses productions littéraires, on cite l'*Origine de l'Imprimerie*, ouvrage estimé, mais qu'il ne put achever; ce fut Jean Nichols, imprimeur, qui s'en chargea.

Assurément, pour le temps où vivait Baskerville, ses types pouvaient être préférés à d'autres plus imparfaits; mais quand, en 1802, on écrivait que ses caractères avaient de l'élégance et de la grâce, c'était prononcer en amateur aveugle. Bien que ses éditions aient eu de la réputation dans son temps, son nom est resté attaché au Voltaire de Beaumarchais, parce que ce livre a été imprimé avec ses caractères, que l'on trouvait beaux alors, mais dont le goût a fait justice depuis. Un bel exemplaire de son Virgile

(1) *Dictionn. de Bibliologie*, III, 323.

a du prix encore. De même que Foulis, Brindley, Clarendon, Bulmer et autres, Baskerville mérite d'être cité par les efforts soutenus qu'il a faits pour sortir de l'ancienne routine.

[20] Que Witaker m'appelle encore.....

Célèbre imprimeur moderne de Londres, dont les impressions en or et en couleur sont de toute beauté. Il était relieur.

[21] Fournier, dont la main sûre, habile.....

Pierre-Simon Fournier peut être appelé à juste titre le restaurateur de la Typographie. C'est de lui que date la régularité des types; aussi, ses efforts ont profité. C'était un homme infatigable pour son art, où il usa ses jours à force de travail. Il fut d'abord excellent graveur en bois, et s'occupa ensuite de la gravure des poinçons sur acier. Il a donné plusieurs ouvrages d'un grand intérêt sur la gravure en bois et sur celle des caractères. Son *Manuel typographique* est encore un bel ouvrage, qui atteste l'étendue de ses connaissances, mais qui n'a jamais été terminé : il devait avoir quatre parties; il n'en a donné que deux, la première et la quatrième, qui ne sont autres que le Manuel du Fondeur, mais un manuel clair et complet, dont l'utilité ne saurait être trop appréciée. Il était né en 1712, et mourut en 1768.

²² Barbou, dont les œuvres charmantes.....

Célèbres et anciens imprimeurs, établis d'abord à Limoges, et ensuite à Paris. Joseph-Gérard réalisa, en 1743, le dessein de Lenglet-Dufresnoy, pour la réimpression en format in-12 des classiques elzéviriens, qui devenaient rares. On apporta de grands soins à de certains volumes, qui, depuis l'extension de l'art typographique, sont tombés singulièrement de prix, comme toutes les autres collections de ce genre, par l'immense supériorité des classiques in-8° de M. Lemaire, dont plusieurs parties sont des trésors d'érudition.

²³ Breitkopf d'une grace nouvelle
Parc les types allemands.....

Jean-Gottlieb-Emmanuel Breitkopf est encore un colosse animé par l'amour de l'art; c'était un de ces hommes qui sont nés pour dominer leur siècle : ses travaux furent immenses. Son érudition se porta tout entière sur la typographie, qu'il explora sous toutes ses faces.

Fournier, Breitkopf, Bodoni, P. Didot, voilà les vrais restaurateurs de l'art, les créateurs des élémens constitutifs du beau en typographie : les bibliophiles leur doivent leurs plus douces jouissances, et le commerce de grandes richesses pécuniaires.

Quel ressort puissant que le génie d'un homme poussé vers la perfection industrielle! combien d'existences doivent leur action à son dévouement! L'homme élevé au milieu des fabriques peut seul arriver aux conséquences d'une telle mobilité : voilà pourquoi l'éducation d'un gouvernant devrait être industrielle avant tout, afin qu'il pût bien connaître les véritables causes de la richesse des nations.

Breitkopf éprouva de l'éloignement d'abord pour la profession d'imprimeur, que suivait son père à Leipzig, où il naquit en 1719. En se refusant à l'étude du grec, il se rendit fort à un tel point dans la langue latine, qu'il pouvait argumenter publiquement avec succès dans cette langue. Il s'adonna d'abord à la philosophie et à l'histoire; mais, fatigué bientôt du vague des théories de la première de ces sciences, il chercha à s'en distraire. Ce fut dans cette intention qu'il porta les yeux sur les ouvrages d'Albert Durer, qui, en traitant du dessin et de la peinture, avait parlé de la forme plus agréable à donner aux caractères d'imprimerie. Dès lors se révéla le fameux typographe : il se consacra entièrement à la profession de son père, et ses efforts furent inouis. Il corrigea et régularisa l'œil des types, en donnant une dureté à sa fonte, que les autres n'avaient pas. Il réussit parfaitement dans l'impression de la musique en caractères mobiles, et cela dut lui rapporter de grands capitaux, puisque l'on compte plus de cent grandes partitions sorties de ses presses.

Je ne parle point des figures mathématiques, des cartes géographiques, des portraits même, qu'il imprima avec des caractères mobiles, parce que toute personne familiarisée avec les procédés de la typographie, connaît la pauvreté des résultats en ce genre. Je ne dis point que l'extrême précision des rapports que demandent ces choses ne sera point atteinte un jour; mais jusqu'à ce moment les tentations n'ont rien produit de bon. On doit se souvenir de la carte typo-géographique que fit paraître un imprimeur célèbre de Paris à l'exposition des produits de l'industrie française, en 1823; l'établissement de cette carte lui coûta bien des années et des frais, et ses résultats furent peu satisfaisans : l'éditeur ne fut pas tenté de lui donner une suite. Laissons à la gravure son attribut : elle l'emportera toujours pour la netteté des traits et l'exactitude des distances. Quand on veut faire bien dans l'impression des livres, la carrière offre assez d'avantages pour ne pas essayer d'en sortir. (Voyez à la fin les *Notes supplémentaires.*)

L'habileté de Breitkopf se montra dans la gravure des caractères chinois, pour imprimer des livres. Avant lui, on se servait de tables en bois, sur lesquelles on burinait les caractères. La cour de Rome le félicita de cette invention, et l'Académie des Inscriptions lui en témoigna sa satisfaction, et lui en demanda même une épreuve.

L'établissement de Breitkopf était un vaste musée, où l'on voyait les poinçons et les matrices de quatre cents caractères qu'il avait gravés. L'infatigable Bodoni pouvait seul rivaliser avec une telle richesse. Comme écrivain, il a laissé des monumens durables de son savoir. La science en commande chaque jour la traduction, non-seulement pour l'histoire, mais encore pour la théorie et la pratique de l'art, que ce grand homme a embrassées à la fois avec succès.

Breitkopf est mort en 1794; M. Hausius, son ami, a payé le tribut que réclamait sa mémoire, en donnant la biographie de ce célèbre imprimeur (Leipzig, 1794, in-8°), où l'on peut trouver d'amples détails, ainsi que dans Peignot, *Dictionnaire de Bibliologie*, et dans la *Biographie universelle*.

24 D'Ibarra flattant les efforts.....

Cette émancipation de la pensée a bien de la peine à se faire jour en Espagne. Deux fois cependant elle a grandi : la première, par la présence des Arabes dans ce beau pays; la seconde, par l'étonnante fertilité du génie de Lope de Vega et de Calderon, auxquels le théâtre français doit beaucoup. Quelle étonnante fertilité dans la tête de ces deux hommes! leurs œuvres réunies ne formeraient pas moins de 200 volumes in-4°. Mais tous deux embrassèrent l'état monastique, et dans une telle position ne trahirent point les intérêts des corporations dont ils faisaient partie. Il n'y a que l'éducation qui puisse instruire le peuple espagnol sur ses véritables intérêts, en lui faisant apprécier les bienfaits des sciences et des arts: trop de fainéans sont encore intéressés à le laisser stationnaire. La saleté des cloîtres doit disparaître, afin de produire un grand changement, que la puissance de l'imprimerie amènera. Ce changement est nécessaire à la noblesse de l'humanité: l'impulsion une fois donnée, le mouvement s'étendra de tous côtés. Il faut avant triompher de l'indolence pernicieuse des habitans par l'énergie d'une vie active en rapport avec les besoins nouveaux de la société.

L'imprimerie offre peu de célébrités dans ce pays: du moment où elle acquerra de l'importance, la civilisation marchera à pas de géant.

Joachim Ibarra était un célèbre imprimeur de Madrid, dont on apprécie encore les éditions à juste titre, parce qu'il n'avait pas eu de devanciers dans le bien-faire, et que lui seul s'est frayé une route. J'ai été possesseur d'un petit Don Quichotte sorti de ses presses : il était fort joli; mais les marges étaient tout à l'extérieur, de sorte que les fonds étant resserrés, il fallait fatiguer le livre en lisant, afin de lui donner de l'ouverture. Ce vice de l'inégale répartition des marges est commun à beaucoup d'imprimeurs, qui n'y portent pas assez d'attention. On ne doit laisser de plus à la marge extérieure, que la bavure supposée du papier, qu'il ne faut pas estimer à moins de trois lignes. Depuis que les véritables amateurs ne font plus rogner leurs livres, ces trois lignes suffisent pour l'ébarbage, et au-delà même, puisqu'on relie à dos brisé, ce qui laisse apparente toute la marge du fond.

Ibarra fut le premier, dit-on, qui lissa le papier imprimé. Cette invention, mère du satinage, est-elle favorable au luxe des livres? Je ne le crois pas. La pression du papier moite mis en cartons, écrase le vif de l'impression, dont l'ensemble paraît alors pâteux. Le foulage n'étant plus ce qu'il était autrefois par l'épaisse garniture des tympans, on reviendra sans doute sur ce procédé, que j'estime nuisible à la beauté des livres.

Tout amateur, de même, ne doit point laisser battre un livre au marteau : on écrase par là l'impression. Il suffit, pour la brochure, le cartonnage et la reliure, de mettre en presse le papier quand il est plié : par ce procédé, l'éclat de l'impression est conservé.

Ibarra tient à la contemporanéité; il était né en

1725, et mourut à Madrid en 1785. Son *Salluste*, petit in-folio, est assez rare : c'est la traduction faite par l'infant don Gabriel.

On dit qu'il mettait du bleu dans son encre, afin de moins fatiguer l'œil à la lecture : j'en doute. Du temps d'Ibarra, chaque imprimeur faisait son encre en Espagne : la sienne était belle; et, comme artiste dans sa profession, il sentait bien qu'un trop vif éclat de noir blessait la vue : il savait tenir un juste milieu dans la couleur, ainsi que tout imprimeur qui raisonne doit le faire.

L'exemple de cet artiste n'a rien produit dans la péninsule : le Gouvernement n'y a jamais encouragé la Typographie. Nicolas Gonzalès fit une presse où l'ouvrier pouvait travailler étant assis (1); il la présenta au roi Charles IV, qui à peine remarqua cette invention. Ce modèle existe encore à l'imprimerie royale de Madrid, laquelle se composait, il y a quelques années, d'une vingtaine de presses en assez mauvais état. Dans ce pays, on voit encore des ouvriers à la presse qui mettent sept et huit feuilles à la fois sur le tympan, afin d'abréger la mise d'unité.

Autrefois, à Troyes, en Champagne (Aube), pour l'impression de l'Almanach et de la Bibliothèque

(1) Dans un tel pays que l'Espagne, ne peut-on pas croire que l'idée de cette découverte a été suggérée à son auteur par un moine?

bleue, on recrutait, dans l'hiver, parmi les vignerons, des *toucheurs* (c'était ainsi qu'on appelait les ouvriers qui, à la presse, ne faisaient jamais que mouvoir les balles).

Dans son *Économie politique*, Storch dit qu'en Russie, lorsque l'on a besoin d'un *toucheur*, on va prendre le premier venu sur la place.

En Espagne, on agit encore de même : de sorte qu'à la presse, il y a toujours un ouvrier et un apprenti.

Je conçois que, pour tout chef d'établissement qui agissait ainsi, un bon ouvrier à la presse devait être un sujet très-rare, et il en est encore de même aujourd'hui quand un homme est appelé à faire mouvoir une ancienne machine : c'est ce qui a pu fixer pendant assez long-temps l'attention particulière des maîtres sur les ouvriers à la presse, affectant une sorte d'indifférence pour ceux employés à la composition (1). Mais depuis que Stanhope, Cly-

---

(1) En 1815, l'empereur Alexandre visitait l'une des belles imprimeries de Paris. Après avoir vu les presses, il manifesta le désir de voir les casses : « Cela n'a rien de bien intéressant, lui dit le propriétaire de l'établissement; ce n'est que la partie purement mécanique de l'art. » — « Mais, répondit le Souverain, il faut cependant que les ouvriers sachent lire : ce n'est donc pas tout-à-fait mécanique. »

Mettre du noir sur du blanc exige de la propreté; faire tomber une page en rapport avec une autre demande un

mer, Napier, Selligue, ont importé leurs beaux appareils, la fonction de l'homme employé à la presse n'a plus le même relief; l'exemple seul d'un imprimeur célèbre de Paris l'atteste : du moment où il a eu des presses à la Stanhope, il a créé une fourmilière d'apprentis pris à tout hasard dans son voisinage; dès qu'ils savaient manier le rouleau et pointer une feuille, un lucre quelconque leur était donné, et cela au bout de très-peu de temps.

On retire aujourd'hui les fruits d'une création aussi facile d'ouvriers manœuvres; la vélocité des machines à vapeur les a réduits à la mendicité, en attendant qu'ils aient une autre profession.

A Cervantes, j'ai cru pouvoir faire suivre Molière : tous deux ont frappé avec force les ridicules de leur temps; tous deux devaient trop à la nature pour n'avoir pas été vrais dans leurs tableaux; aussi, leur gloire grandit de jour en jour.

> 25 Mais du rocher de Meillerie
> Quel souvenir m'est apporté ?

— Aux noms de Voltaire et de Montesquieu s'alliait

certain raisonnement, que tous les êtres ne possèdent pas également; mais captiver l'œil en harmonisant des caractères, en établissant des transitions bien ménagées, des titres bien coupés, des encadremens de marges qui fassent ressortir agréablement les textes, tout cela est du goût, et quiconque a du goût n'est pas une machine.

naturellement celui de Rousseau. A Genève, on sait assez quel fut le mérite du prosateur le plus éloquent dont la langue française peut s'honorer; mais il faut redire sans cesse à la génération présente, qu'une partie de cette génération lui doit son existence : il a su exciter l'intérêt des mères sur leurs enfans; c'est à sa voix si persuasive que de faibles créatures humaines ont été délivrées des liens qui les comprimaient, et qui s'opposaient au développement de leurs organes; il leur a fait donner un lait plus pur, moins douteux sur sa nature, le lait maternel; aux mères, il a rendu le sourire et les caresses de l'enfance, récompense inappréciable d'un amour sans bornes, et sceau inaltérable du lien le plus sacré.

[26] Mais je cherche en vain l'humble asile
Qui vit naître l'auteur d'Emile :
Où fut-il?... Genève! réponds?

La destruction de la maison d'un homme comme Rousseau est une frustration de souvenirs historiques faite aux siècles futurs. En n'ayant point égard aux nombreux paradoxes que cet écrivain revêt d'un style si brillant, on admirera toujours dans ses écrits les pages pleines de chaleur et de vérité qui causent tant de douces émotions aux ames sensibles et honnêtes. Cette maisonnette assez noire avait un charme inexprimable pour l'œil de l'étranger. Tout en face, demeurait, il y a cinq ans, un M. Ceret-Calas, qui, à cette époque, était membre de la Chambre dite des Étrangers. Quand je fus demandé par ce magistrat pour lui décliner mes intentions sur mon établissement à Genève, le nom de Calas éveilla en moi la remémoration du jugement inique qui fut exécuté le 9 mars 1762 sur l'infortuné vieillard de ce nom, puis du fameux arrêt de réhabilitation que rendirent, le 9 mars 1765, cinquante maîtres des requêtes, assemblés pour cette grande affaire, lesquels déclarèrent Calas et sa famille innocens.

En sortant de la maison de M. Ceret, je remarquai une inscription sur marbre noir : elle indiquait l'asile de Rousseau pendant son enfance, la demeure où il avait puisé sa force dans la lecture de l'un des écrivains les plus probes de l'antiquité, dans Plutarque; et bientôt, en me trouvant dans la chambre qu'il avait occupée, il me revint à la mémoire ces lignes si riches de sentiment sur la mort de sa mère,

« Je n'ai pas su comment mon père supporta cette
« perte; mais je sais qu'il ne s'en consola jamais.
« Il croyait la revoir en moi, sans pouvoir oublier
« que je la lui avais ôtée. Jamais il ne m'embrassa
« que je ne sentisse à ses soupirs, à ses convulsives
« étreintes, qu'un regret amer se mêlait à ses caresses :

« elles n'en étaient que plus tendres. Quand il me
« disait, *Jean-Jacques, parlons de ta mère. — Hé
« bien, mon père, nous allons pleurer.* Et ce mot seul
« lui tirait déjà des larmes. *Ah!* disait-il en gémis-
« sant, *rends-la-moi, console-moi d'elle, remplis le
« vide qu'elle a laissé dans mon ame. T'aimerais-je
« ainsi, si tu n'étais que mon fils?* »

Quiconque n'est pas attendri en lisant ces lignes, ne doit lire jamais Rousseau.

Il est impossible qu'une sorte de recueillement respectueux ne saisisse pas dans ces lieux qui retracent à la fois l'élévation d'un grand génie et tout l'intérêt qui s'attache à son enfance.

Quand je demandai le nom du quartier où était située cette demeure de Jean-Jacques, on me dit que c'était le quartier Saint-Gervais; et je me souvins aussitôt du « tableau de la fête genevoise que ce peintre inimitable du sentiment a reproduit dans sa *Lettre à D'Alembert,* avec des couleurs si vives et si attendrissantes, que tout bon Genevois, tout homme sensible, ne peut y jeter les yeux sans les sentir humides des plus douces larmes. » C'est là qu'il dit, « Non, il n'y a de vraie joie que la joie
« publique, et les vrais sentimens de la nature ne
« règnent que sur le peuple. Ah! Dignité, fille de
« l'orgueil et mère de l'ennui, jamais tes tristes es-
« claves eurent-ils un pareil moment en leur vie? »

Rousseau n'était pourtant pas né dans cette maison du quartier Saint-Gervais: une tradition rapporte que sa mère lui donna le jour chez sa tante Bernard, à laquelle elle était allée rendre une visite, et qui demeurait dans la Grand'Rue, au voisinage de la fontaine, près de l'Hôtel-de-Ville. Aussi, fut-il baptisé au temple Saint-Pierre, et non point à Saint-Gervais. La mère succomba aux suites de l'accouchement, et l'enfant fut ramené à la maison paternelle, *que le marteau destructeur a détruite*, et où se trouve encore l'inscription!!!...

Par son noble dévouement pour l'érection d'une statue à Jean-Jacques Rousseau, l'honorable M. Fazy-Pasteur (1) a expié en quelque sorte les torts de l'esprit genevois, trop spéculatif. Quel que soit le motif de l'oubli, il y a eu ingratitude. Il est vrai de dire que l'auteur d'un tel changement n'a pas profité de son oubli: obéré par les frais de construction, il a été forcé de vendre sa nouvelle maison, aux trois quarts élevée.

Le jour de ma visite à la maison de Jean-Jacques, j'étais sous la puissance de l'émotion. En sortant de la ville, je me trouvai aux Délices, et le nom de Voltaire vint s'unir à l'appareil de mes souvenirs:

---

(1) Aujourd'hui propriétaire du bâtiment qui recouvre le berceau de l'illustre écrivain.

Voltaire, Calas, Rousseau, tout cela était pour moi une idéalisation active, qui me reporta bientôt à l'apothéose du poète philosophe, le 11 juillet 1791. Je voyais l'ivresse d'un grand peuple célébrer la gloire du chantre de Henri, dont les cendres allaient être déposées dans la demeure des dieux. Dans ce triomphe tout poétique, brillait encore à mes yeux cette foule d'artistes des deux sexes vêtus à l'antique, les uns tenant la lyre, les autres couronnées de roses, et des guirlandes à la main, pour en accabler dans sa dernière demeure l'homme que la nature a fait seulement une fois avec autant d'esprit, et qui a dit,

>L'amour, ce don du Ciel, digne de son auteur,
>Des malheureux humains est le consolateur;

je voyais le char triomphal et les chevaux blancs qui traînaient les restes du vieillard infatigable dans sa guerre contre l'hypocrisie; j'entendais les milliers d'instrumens qui accompagnaient l'hymne de l'immortalité.

La pensée ne peut pas rester inactive à Genève, à moins que l'on ne soit de la plus grande ignorance, ce qui est rare dans ce pays-là, où l'instruction est un luxe pour toutes les familles.

>27 Eh! qu'importe que sa poussière
>Reste aux mains des profanateurs?

Depuis l'époque de la soi-disante Restauration,...

qu'est devenu le corps de Rousseau? En 1819, je suis descendu dans les caveaux du Panthéon: le tombeau du philosophe de Genève y était encore; mais l'homme qui me conduisait me dit que la dépouille mortelle avait été enlevée. Quel double sacrilége commis envers les morts et envers Dieu! et cela par des gens qui se disaient appelés à défendre la religion de Jésus-Christ, dont l'Evangile ne respire que la tolérance, l'oubli des offenses et l'amour pour le prochain!

> 28—29 La vapeur, active et pressée,
> Aujourd'hui lance la pensée
> Dans les climats les plus lointains.

Voyez à la fin les *Notes supplémentaires*.

Troisième Époque.

ÉMULATION.

ARGUMENT.

Didot, Bodoni, Crapelet. — La France unit la presse à ses trophées, à l'époque de sa régénération. — Contrat social. — Produits de l'industrie française au Champ-de-Mars. — La stéréotypie. — Firmin Didot. — Caractère d'écriture, dit *anglaise*. — Gillé, Vaflard, Vibert, Léger, Molé. — Les types propagent les victoires de l'armée. — Affranchissement de l'Italie. — La presse accompagne l'armée en Égypte. — Bonaparte l'opprime. — La presse publie ses victoires avec tout le luxe de la magnificence. — Bodoni à ses derniers momens. — Sa veuve lui érige un des plus beaux monumens en typographie, son Spécimen, auquel il avait consacré toute sa vie. — Préceptes. — Clymer, Stanhope. — Presses nouvelles.

ÉMULATION.

Une ère nouvelle commence;
Didot, Bodoni, vont lutter : [1]
Didot, l'orgueil de la science;
Bodoni, seul à redouter;
Tous deux maîtres de leur génie,
Tous deux préférant l'insomnie
Aux langueurs d'un lâche repos;
Mettant à profit tous les âges,
Pour consacrer en leurs ouvrages
Les temps, les faits et les héros.

Sorti d'une souche fertile,
Didot, simple et majestueux, [2]
Dédaigne la pompe futile
Et ses effets capricieux ;
Sobre dans la magnificence,
Il associe à l'élégance
D'heureuses innovations ;
Lui seul, artiste plein de zèle,
Du grandiose est le modèle
Dans ses riches éditions.

Bodoni, non moins intrépide [3]
Par ses efforts prodigieux,
N'offre pas toujours un bon guide
Au typographe studieux :
Assez grêle dans sa manière,
Il ignore la forme entière
Des contrastes bien prononcés :
Son allure peint la faiblesse ;
Trop souvent le regard se blesse
A ses ornemens entassés.

ÉMULATION.

Mais tous deux à la fois briguèrent
Le prix des arts et des talens,
Et tous deux à la fois trouvèrent
Des admirateurs éloquens.
Crapelet, heureux adversaire, [4]
Aussi parcourut la carrière,
Se modelant sur leurs travaux :
En tout temps, ces maîtres habiles,
Aux regards d'élèves dociles,
Du goût offriront les tableaux.

Voilà les beaux jours de la France,
Où l'on vit de grands monumens
S'élever avec assurance
Pour traverser l'oubli des temps ;
Son peuple, fils de la victoire,
Alors unissait à sa gloire
La presse en ses transports joyeux ; [5]
Et, de chaînes débarrassées,
Ses mains lui dressaient des trophées,
Élevant son nom jusqu'aux cieux.

Réparant d'iniques outrages,
La France, dans tout son éclat,
Approuva les sublimes pages
De l'antique, du saint Contrat; [6]
Et, libérale tributaire,
Bientôt, de Rousseau, de Voltaire,
Exhumant les restes fameux,
Érigea, belle d'espérance,
L'autel de la reconnaissance
Dans l'asile même des Dieux.

A cette époque, dans l'enceinte
Célèbre par les jeux de Mars,
L'industrie, alors sans contrainte,
Offrait les chefs-d'œuvre des arts. [7]
Du mobile exacte copie,
L'utile stéréotypie
S'y distinguait avec succès;
Rival couronné de son frère,
Firmin n'était point en arrière
Du premier imprimeur français.

Son burin, si doux, si facile,
Créait des types gracieux,
Et de la routine indocile
Fuyait les contours ennuyeux.
Hardi graveur en sa manière,
Il méditait ce caractère
Impétueux dans tous ses jets,
Qu'en vain l'étranger nous envie,
Et que la basse jalousie
Se plaît à surnommer *Anglais*.

Luttant à ce concours suprême,
Brillaient avec distinction
Gillé, Vaflard, et Vibert même,
Profitant de l'impulsion.
Léger, Molé,[8] dont les matrices
Enfantaient d'heureuses prémices,
Prouvèrent leur activité ;
Molé, brillant par ses épreuves
Élégantes et toujours neuves,
Méritait la célébrité.

Messagers de la Renommée,
Vos types allaient en tous lieux
De la bravoure de l'armée
Transmettre les faits glorieux :
Depuis le passage d'Arcole
Jusqu'au-delà du Capitole
La Victoire assurait nos bras;
Et, dans Parthénope étonnée,
De grands débris environnée,
La Presse accompagnait ses pas.

Elle affranchissait l'Italie
Du joug de la servilité,
Et sur cette terre avilie
Rappelait la fertilité;
Rome quittait ses voiles sombres;
Et, confuse devant les ombres
Dont elle emprunte ses lauriers,
Soumise, attendait en silence
Le signal de l'obéissance
En admirant tous nos guerriers.

Le Nil lui-même, sur ses rives
Se relevant à notre aspect,
Voyait ses hordes fugitives
S'humilier d'un saint respect;
Pâle sous le fer de Zopire,
Espérant un plus doux empire,
Il accueillait nos bataillons:
La majesté des pyramides
Repaissait leurs regards avides
De la grandeur des Pharaons.

La presse encor, dans ces contrées
Où tant de sceptres sont gisans,
De la gloire des Ptolémées
Évoquait les restes errans;
Et tandis que la France libre,
Dans les riches tributs du Tibre
Admirait l'éclat de Vénus,[9]
L'Égypte offrait à la science
Les ruines de sa puissance,
Du fleuve-dieu jusqu'au Cydnus.

Oh! de nos plus belles annales
Brillantes pages, montrez-vous !
Où peuvent être vos rivales?
Quel Dieu ne serait pas jaloux?
Chaque triomphe est un prodige :
Lorsque des braves de l'Adige
L'Arabe au désert dit le nom,
Le Temps en consacre l'image :
Il n'est point de faible courage,
Tout est géant par le renom.

Mais le soldat dont la fortune
Grandissait avec les exploits,
Saisi d'une crainte importune,
De la presse étouffa la voix :
Bien que fils de l'indépendance,
Souvent de la toute-puissance
Il fit un usage pervers ;
Il s'arma contre la pensée :
Et bientôt la France oppressée
L'abandonna dans ses revers.

Et cependant avec ivresse
Elle avait revu ce héros
Dont le génie et la jeunesse
Présageaient la fin de ses maux.
Mais lui, qui fatiguait l'histoire,
Ne sut pas assurer sa gloire
En respectant la liberté;
Et, quand vint à pâlir son astre,
Le Ciel, par un affreux désastre,
Foudroya sa témérité.

Dès long-temps la Typographie
A ses triomphes ajoutait
Ce charme heureux qui vivifie
Des arts le séduisant attrait :
Didot formait les belles pages
Où, de valeur grandes images,
Brillent Marengo, Friedland;
On oubliait la servitude,
Et partout le feu de l'étude
Produisait pour le conquérant.

Même vers l'antique Étrurie,
Bodoni, sous le poids des ans,
Donnait encore à l'industrie
L'effort de ses derniers momens.
Amoretti, son ancien guide, [10]
L'avait, dans sa course timide,
Enhardi par l'impulsion;
Éliza, son nouveau Mécène, [11]
Le voyait aussi dans l'arène
Provoquer l'admiration.

Il mourut; et son Arthémise
Lui dressa ce beau monument
Où, d'admiration éprise,
L'impuissance voit un tourment.
Sous le beau ciel de l'Ausonie,
Lui-même avait dans son génie
Médité long-temps cet essor :
De ce peintre de la parole
Le *Spécimen* est une école
Qui doit braver les coups du sort. [12]

ÉMULATION.

O vous que le désir enflamme
Du feu de la célébrité !
Suivez, étudiez la trame
De plus d'un chef-d'œuvre vanté ;
Prenez les Didot pour modèles :
A la grâce toujours fidèles,
Feuilletez leurs éditions ;
Observez, comparez sans cesse :
Bientôt l'Étude, avec sagesse,
Fixera vos productions.

Horace, Virgile, Racine,
Vers Pierre attireront vos yeux :
Où la simplicité domine,
Le goût n'est point aventureux.
Observez sa couleur égale,
Ses lignes sans trop d'intervalle,
Ses titres savamment rangés ;
Sa couleur franche, nette et fière
N'a pas l'ombre la plus légère
Sur ses textes bien corrigés.

De Firmin, semblable à son frère,
Saisissez le ton délicat,
L'alignement du caractère,
Dont la coupe augmente l'éclat;
Voyez-le dans sa Lusiade :
Il sait devant la Henriade,
Paraître avec distinction;
Comme Pierre, sans artifice,
Il ne cède rien au caprice
Pour captiver l'attention. [15]

Bodoni vous montre la route
Du typographe courageux;
Son burin jamais ne redoute
Les succès d'un rival heureux;
Mais sa figure est étrangère;
Et, fuyant la marche sévère
D'une imposante majesté,
On le voit par fois trop bizarre :
Le baroque souvent l'égare
Avec l'originalité.

L'aigle de la typographie
Toujours plane voisin des cieux;
De Bodoni, qui le défie,
Le vol n'est point audacieux.
Comme Didot, s'il eût lui-même
Employé l'heureux stratagème
De plaire sans trop d'ornemens,
Ses œuvres, où le vain scrupule
Semble redouter la férule,
Charmeraient encor nos momens. [14]

Évitez le vain étalage
Des vignettes et des fleurons;
Ménagez avec avantage
Les tremblés et les mascarons: [15]
Enjolivez sans abondance;
Des blancs mesurez la distance,
Recherchez les transitions;
Que vos pages coordonnées,
Dans des marges bien raisonnées
Brillent par les dimensions.

C'est ainsi qu'un disciple habile,
Nourri de préceptes savans,
Garde pour un terrain stérile
Des principes vivifians ;
Au jour fixé pour la semence,
Il dispose avec assurance
Le germe en de vastes sillons ;
Et, le soignant avec prudence,
Il voit couronner sa constance
Des plus abondantes moissons.

Ainsi Clymer, ainsi Stanhope, [16]
Résumant de puissans ressorts,
Dotèrent à la fois l'Europe
Du fruit de généreux efforts :
Leurs presses, partout en usage,
Reçoivent un concert d'hommage
Du philanthrope ami des arts :
La peine s'y trouve allégée,
Et l'ignorance est dirigée
Jusque dans ses moindres écarts.

Voyez ce mécanisme utile
Chez Jules, Firmin, Crapelet: [17]
Là, du régulateur docile
Vous pourrez voir le jeu complet.
Tout dans cette œuvre est à sa place:
Elle ne laisse aucune trace
De l'ébauche de nos aïeux;
Habile à fournir sa carrière,
De la typographie entière
Elle a réalisé les vœux.

NOTES

DE LA TROISIÈME ÉPOQUE.

~~~~~~~~~~~~~

[1] Une ère nouvelle commence....

On peut dire aujourd'hui que tout ce qui a précédé le 19me siècle, pour le mécanisme en typographie, n'a été qu'un travail de recherche.

Le 15me siècle a été l'époque de l'invention et de l'importation. Il ne faut pas y chercher la perfection de l'art, mais des essais vraiment étonnans. Les livres de ce temps se remarquent par l'inégalité des types, la rareté des alinéa dans les textes, l'absence des titres, des lettres capitales, des folio, des signatures et de plusieurs ponctuations; la grande quantité d'abréviations, l'épaisseur du papier, etc.

Dès l'origine, cet art ne fut pas apprécié dans toutes les conséquences qui devaient en résulter pour le bien de l'espèce humaine. Louis XI n'y voyait que le moyen d'avoir des Bibles en quantité, afin de mieux gagner la protection de Notre-Dame d'Embrun. La cour de Rome en jugea autrement : elle entrevit tout ce que pouvait produire cette découverte, et elle éleva une imprimerie, qui depuis fut connue sous le nom de *Propagande*. Sur la recommandation des cardinaux Bembo et Bernardin Maffeo, Pie IV appela Paul Manuce, fils d'Alde, à la direction de cet établissement; il le chargea même d'écrire purement en latin le Catéchisme du concile de Trente, conjointement avec Jules Poggiani et Corneille Amalthée. L'intention du Pape était de faire travailler à une édition des Saints-Pères.

L'imprimerie de la Propagande ne fut grandement établie que par Sixte-Quint, ce pâtre à la voix de Stentor, devenu pape après avoir trompé le Sacré Collége. Ce fut lui qui fit bâtir un local immense dans le dessein d'y imprimer ce qui serait en rapport avec les intérêts de l'Église, et cela sur des textes débarrassés de toute altération; l'Écriture sainte et grand nombre d'instructions chrétiennes, devaient y être imprimées en toutes langues, afin de faire connaître la religion catholique dans les pays les plus éloignés. Dans cette imprimerie, parurent les premiers caractères arabes; le Pape la fournit en outre de caractères hébraïques, grecs et esclavons: il y dépensa des sommes immenses.

Vossius dit que, quand même Sixte-Quint n'aurait que ce titre à l'illustration, les lettres lui auraient encore des obligations immortelles.

Dominique de Baza, savant et bon typographe,

était à la tête de ce vaste atelier; Alde Manuce II, fils de Paul, le remplaça, honoré de la protection de Clément VIII, successeur de Sixte-Quint.

Cette cour de Rome, d'où sortaient tant de célébrités, imposait beaucoup alors au monde civilisé; elle ne contribua pas peu à donner l'élan à toutes les réputations typographiques des 16me et 17me siècles. On se jeta avec une sorte de fureur dans le verbeux de l'érudition; chaque auteur, soumis à la publicité, subissait une investigation scrupuleuse; on voulait tout dire, crainte de laisser quelques doutes: aussi, les livres de cette époque sont-ils d'une compacité surabondante en notes, surnotes, additions, dates, etc.; mais tout cela était pour les érudits, qui, dans le cabinet, se livraient à l'exploration de la science. Petit à petit on diminua le volume des formats, et l'on vit paraître ces jolis Elzévirs et leur suite charmante de Wolfgang et autres.

Dans les 16me et 17me siècles, la typographie a été remarquable par un grand fond d'érudition. Les éditions de Hollande l'emportaient sur toutes les autres par la condition du papier, la netteté des caractères et la beauté des gravures. Cependant, quels que fussent les efforts pour harmoniser les productions de la presse, l'art devait traverser une succession d'années avant d'offrir l'élégance parfaite jointe à l'érudition la plus scrupuleuse.

Dans les 15me et 16me siècles, les ouvriers étaient savans et bons praticiens. Après de longues études dans les colléges, pour être imprimeur, on fesait un apprentissage de pratique pendant plusieurs années. La corporation des imprimeurs-libraires avait des statuts à cet égard : on ne pouvait pas les violer. Pour être admis à la profession, les maîtres devaient faire preuve non-seulement d'une instruction solide, mais encore d'un habile savoir-faire dans le matériel : c'est pourquoi la plupart passaient par les grades d'apprenti, ouvrier paquetier, metteur en pages, compositeur de plain-chant, et d'homme de conscience ; par là, ils se familiarisaient avec tous les genres d'ouvrages. (Voy. les *Notes supplémentaires*.)

Il y a une remarque à faire dans les arts, c'est que les troubles politiques sont peu favorables à leur développement. La Ligue et la Fronde virent naître en France une foule de productions indignes de la presse, et auxquelles on apporta peu de soin. La révolution française, à dater de 1789, fournit la même remarque.

Sur les dessins d'Ange Vergen, Garamond avait donné des caractères romains, qui, dans le temps, étaient préférés à tout autres ; les trois grecs qu'il grava par ordre de François Ier, établirent surtout sa réputation : Robert Étienne s'en servit pour ses éditions, après quoi il emporta les poinçons à Genève.

Vers 1693, Grandjean, graveur pour l'imprimerie du Louvre, obtint une certaine réputation, quoique peu méritée : elle se soutint jusqu'à nos jours dans l'atelier du gouvernement français. Ses caractères existaient encore à l'imprimerie royale il y a quelques années. Il a fallu qu'un jeune homme, novice dans la pratique à la vérité, mais doué de la chaleur qui mobilise un artiste, mît au creuset tous les oripeaux de la vieillesse et de l'obstination. M. Duverger a rendu un service éminent à l'art en changeant le matériel de l'imprimerie royale.

Luce perpétua ce mauvais goût de gravure, ayant été le troisième graveur en titre de l'imprimerie du Louvre. Quand on voit d'aussi pauvres efforts que les siens pour briller, on n'est plus étonné de l'ignorance où l'on était des élémens du beau dans un art qu'à juste titre on peut appeler l'*Instructeur universel*.

Dans le 18me siècle, Fournier seul montra le premier la route à suivre pour la taille des lettres agréables à l'œil : c'était un excellent fondeur, qui connaissait l'importance de sa profession; mais François-Ambroise Didot l'emporta sur lui par des succès de toutes sortes en typographie. Il se pénétra sans cesse de cet axiome, que *le typographe doit faire la nuance entre l'homme de lettres et l'artiste;* il mit à profit l'excellente éducation qu'il avait reçue, et les accessoires de sa profession ne lui furent point étrangers. Il imagina les garnitures en fonte, dont les avantages sont inappréciables pour le rapport des pages l'une sur l'autre. En 1777, la presse à un coup, qu'il avait inventée, lui suscita des tracasseries; on voulut lui en contester la découverte. Il fit des recherches pour le papier vélin, et parvint le premier à en fabriquer. A la beauté de ses éditions, il joignait ce qui en constitue le mérite, et sans lequel tous les efforts ne sont rien, la correction. Mais ce qui lui assure un souvenir de reconnaissance dans la postérité, c'est son échelle de points, afin de déterminer le corps des caractères, découverte remarquable pour la coïncidence des types, et dont la réalisation double la valeur d'un établissement. (Voyez *Typomètre*, aux *Notes supplémentaires*.)

Le Didot que je fais entrer en concurrence avec Bodoni, est Pierre Didot l'aîné, fils de François-Ambroise, et frère de Firmin. Cet habile imprimeur a consacré sa vie à la perfection de l'art typographique, dont il connaissait tous les détails. C'est lui qui a fait voir réellement jusqu'où pouvaient aller le goût et l'élégance dans les livres : petits et grands formats, tous attestent son génie dans la profession qu'il a illustrée. Je ne parlerai point ici de la continuation des travaux de son père, qu'il dut imiter, et auxquels il ne cessa jamais de donner la plus grande pureté dans les textes; mais je parlerai des monumens typographiques qu'il a érigés lui-même, et qui depuis ont fait l'admiration des amateurs.

A la suite de la tourmente révolutionnaire, M. Pierre Didot prouva que la France n'était point en arrière des efforts que Bodoni fesait en Italie pour élever l'art typographique au niveau des nobles productions du génie : il conçut l'idée de sa belle Collection des Classiques in-folio. Après avoir donné sa Collection in-4º, au nombre de 68 volumes, et que rien ne pouvait égaler alors, il fit paraître le Virgile in-folio, en 1798, avec vingt-trois estampes d'après les dessins des peintres Gérard et Girodet, premier volume de sa nouvelle collection : on vit ce magnifique ouvrage à l'exposition des produits de l'industrie française, au Champ-de-Mars, à Paris. Chacun s'extasiait devant ce luxe tout nouveau de lettres, d'éclat d'impression, de gravures, de beauté de papier; aussi, le jury ne balança pas à déclarer un tel ouvrage *la plus belle production typographique de tous les pays et de tous les âges:* il l'emportait dans toutes ses parties sur le Virgile que Bodoni avait donné dans le même format, en 1793, et principalement par la correction la plus pure. Malgré les plus actives recherches, l'on ne trouva à reprendre qu'un *j*, dont le point s'était détaché à la pression, tandis qu'au Virgile de Bodoni trente-sept fautes avaient été signalées, sans celles de la ponctuation, qui est très-irrégulière.

Le même imprimeur donna son Horace l'année suivante. Dès-lors on vit que rien ne pouvait être comparé à de tels chefs-d'œuvre. A cette époque, l'Institut de France en consacra la supériorité dans son rapport.

Un voyageur anglais, dont l'ouvrage est assez piquant par une sorte d'originalité, s'exprime ainsi à ce sujet: « Ce sont des livres qui n'ont jamais « été, et ne pourront jamais être surpassés. J'avoue « cependant que l'Horace, avec les vignettes déli- « cieuses de Percier, est pour mon goût le volume « de prédilection. » Et plus loin, il ajoute (*c'est un Anglais qui parle*), « M. Didot a recueilli, *dans « notre contrée même*, les témoignages d'une admira- « tion presque générale, lorsque, par la vente de « certains ouvrages sur vélin, exécutés par lui, il a « été prouvé qu'il l'emportait décidément sur Bodoni « dans l'impression des vélins. Lequel des deux excel- « lait dans les in-12 et les in-8°? C'était encore « Didot qui remportait le prix. » (DIBDIN, *Voyage bibliographique, archéologique et pittoresque, en France*; Paris, 1821, 4 vol. in-8°, lettre xxx.)

M. P. Didot donna successivement les OEuvres de Racine et de Boileau, les Fables de La Fontaine, ouvrages aussi beaux d'exécution que le Virgile et l'Horace. Sa persévérance s'attachait à toutes les parties de l'art qu'il élevait si haut. En 1798, il avait obtenu une médaille d'or pour avoir exposé, avec son beau Virgile, des caractères fondus à l'aide d'un nouveau moule qui contenait dix-neuf lettres différentes : non-seulement l'exécution nouvelle était supérieure à l'ancienne, mais un seul ouvrier pouvait faire l'ouvrage de cinq. Conjointement avec M. Vibert, ce ne fut qu'en 1813 qu'il obtint un brevet d'invention pour la construction d'un moule propre à fondre à la fois plusieurs lettres indéterminément.

M. Pierre Didot a consacré sa vie à l'amélioration des types dont il faisait usage : il ne gravait pas lui-même; mais il soumettait ses observations à M. Vibert, son exécuteur en gravure, et celui-ci réalisait les idées du typographe; ses corrections sur les caractères ont été si heureuses, qu'on en a profité dans beaucoup de typographies. Dans ses ateliers, lui-même surveillait les ouvrages, et quand il s'apercevait de quelques mauvaises habitudes au travail d'un ouvrier, c'était de la manière la plus honnête qu'il l'en reprenait; il défesait même quelquefois son habit pour se mettre à sa place, afin de lui montrer comment il fallait s'y prendre pour faire mieux.

Ce que les presses de M. Pierre Didot ont produit est immense : elles ont plus contribué à l'illustration de la France, pour la typographie, que l'établissement de l'Imprimerie royale, toujours si fastueusement vanté dans les budgets. Les choses en sont à un tel point aujourd'hui dans les usages de la vie, que l'attrait d'un livre imprimé avec luxe, et surtout sans fautes, procure une nouvelle existence. M. P. Didot a bien étendu nos jouissances à cet égard. Sans parler des in-folio, et surtout des in-4° qu'ont enfantés ses presses, on doit citer l'innombrable quantité des in-8°, in-12, in-16, in-18, in-24, in-32, qui en sont sortis, pour apprécier leur puissance sur la pensée.

On doit dire à la louange d'un si grand artiste, que jamais son beau talent ne s'est exercé en contravention des lois et de la morale.

M. P. Didot a toujours offert un modèle de vertus privées. Ses loisirs, il les consacrait aux Muses. Sa verve n'est pas à la vérité bouillonnante, mais elle est empreinte des intentions d'une ame honnête, animée des plus douces affections pour l'enfance, qu'il cherche à instruire par des principes de vertu. (Voyez les *Notes supplémentaires*.)

Le cordon de Saint-Michel, vacant par la mort de Bodoni, fut accordé à M. P. Didot. Le Jury lui décerna encore une médaille d'or en 1819.

² Didot, simple et majestueux.....

Dans ses éditions, cet imprimeur n'a jamais fait usage des colifichets de caprice, ornemens étrangers à la grace, fantaisies d'imagination. C'est par une coupe hardie dans les lettres, une coïncidence raisonnée des pleins et des déliés, par des transitions vigoureuses sans être choquantes, qu'il a séduit l'œil. La couleur de ses impressions est en rapport avec les formats : elle est toujours suivie, et ne fatigue point la vue. Ses pages ne sont point chargées de fleurons, de vignettes : elles sont de la plus grande simplicité ; elles brillent par la beauté des caractères, la netteté de l'impression, et la relation des marges aux textes : telle doit être la typographie française, et c'est toujours à quoi l'on revient quand on veut obtenir du beau dans cette partie des arts libéraux.

³ Bodoni, non moins intrépide.....

On doit bien se garder de dire qu'un homme n'est pas artiste parce qu'il n'a pu se montrer l'égal d'un autre. Avant de prononcer sur deux célébrités, il faut voir quels étaient les matériaux que chacune avait pour s'élever. Bodoni, né en 1740, dans le marquisat de Saluces, ne voyait aucun jalon apparent pour une bonne route à suivre dans la carrière typographique, que son père voulait lui faire embrasser. Par ce que l'on fait encore aujourd'hui dans le Piémont, on peut juger de ce qu'y était l'imprimerie il y a quatre-vingt-dix ans. Avec de bonnes études, et la counaissance du dessin et de la sculpture, il entra dans la profession d'imprimeur ayant de grandes idées, décidé à tout renouveler pour lui donner un relief que depuis long-temps elle n'avait pas obtenu en Italie. Après s'être distingué dans l'imprimerie de la Propagande, à Rome, où il était allé pour se former, il fut appelé à la direction de l'établissement ducal, à Parme. La protection du chevalier d'Azara lui acquit une très-grande considération de la part du prince : ce noble espagnol, ami des sciences, l'aida beaucoup dans les dépenses de l'imprimerie qu'il monta pour son compte en 1790. Ce fut de là que sortirent successivement les éditions qui firent sa renommée.

Il fit paraître en 1793 son Virgile in-folio, en deux volumes, dont on outra le mérite dans l'enthousiasme de la nouveauté. M. Renouard dit que Bodoni eût pu vendre ce volume 90 sequins (1), d'après une lettre que cet imprimeur lui écrivait ; et il ajoute : « L'édition est vraiment magnifique. Il est fâcheux que de si élégantes pages reproduisant des chefs-d'œuvre, et dont

---

(1) 1,075 francs 50 centimes, le sequin de Parme valant 11 francs 95 centimes environ.

chacune mériterait presque d'être encadrée comme une belle estampe, soient vraiment trop peu correctes. Bodoni, passionné pour le matériel de son art, croyait-il que ces grands volumes ne seraient point lus, et que sa réputation d'habile typographe était tout-à-fait indépendante des fautes qu'il laisserait échapper dans ces brillantes éditions? » M. Renouard écrivait cela en 1819 (1); à cette époque, tous les chefs-d'œuvre de P. Didot avait paru. Puisque l'ouvrage est défectueux par des fautes graves, il ne mérite pas d'être encadré. La teinte de ce livre est inégale.

L'exemplaire que j'ai possédé provenait d'un amateur italien fort enthousiaste, et assurément ce n'était pas une mise en train : j'y ai reconnu les trente-sept fautes citées par M. P. Didot. La reconnaissance d'une telle incorrection a fait dire à Bodoni que les exemplaires fautifs provenaient de l'infidélité des ouvriers, qui avaient fait un tirage clandestin de 174 feuilles : conte, calomnie, pour détourner un blâme justement mérité.

Bodoni faisait un grand usage d'italique. Ses majuscules sont grêles, et ses titres ramassés.

Pour les folio, tantôt il se sert de chiffres arabes, tantôt de chiffres romains. Quelquefois on voit une

---

(1) *Catal. de la Bibl. d'un Amat.*, t. II, p. 247.

accolade au-dessous d'un titre principal. Il a cru inventer quelque chose de beau en faisant des cartelles à extrémités biseautées à l'intérieur, pour les folio, et il les a employés dans ses plus belles éditions.

On peut dire que cet imprimeur était infatigable : il gravait sans cesse; il ne quittait pas même le poinçon lorsqu'il y avait société chez lui, car il parlait en taillant l'acier; mais il tenait plus à la forme qu'au fond. Son goût n'était jamais fixe, et cela se voit dans tous les livres qu'il a imprimés, dont l'un, pour l'arrangement des textes, ressemble rarement à l'autre. Il ignorait la majesté du genre simple, et pâlissait des mois entiers sur une minutie.

Dans son ouvrage intitulé *Rome, Naples et Florence*, M. Stendhal (Beyle), raconte l'anecdote qui suit:

« Les fresques sublimes du Corrége m'ont arrêté à Parme, d'ailleurs ville assez plate........

« Pour faire le devoir du voyageur, je me suis présenté chez M. Bodoni, le célèbre imprimeur. Je suis agréablement surpris : ce Piémontais n'est point fat, mais bien passionné pour son art. Après m'avoir montré tous ses auteurs français, il m'a demandé lequel je préférais du Télémaque, du Racine ou du Boileau. J'ai avoué que tous me semblaient également beaux. — Ah! Monsieur, vous ne voyez pas le titre du Boileau! — J'ai considéré long-temps, et enfin j'ai avoué que je ne voyais rien de plus parfait dans ce titre que dans les autres. — Ah ! Monsieur, s'est écrié Bodoni, BOILEAU DESPRÉAUX dans une seule ligne de majuscules ! J'ai passé six mois, Monsieur, avant de pouvoir trouver ce caractère. »

Voilà le ridicule des passions ! s'écrie M. Stendhal. Qu'y a-t-il de ridicule à ne pas séparer deux mots qui ne doivent pas l'être, puisque l'un a autant de valeur que l'autre? Bodoni méritait l'approbation d'un amateur bibliophile. M. Didot n'a pas eu le même avantage dans le titre de son Boileau in-folio; et, bien que le mot DESPRÉAUX soit en seconde ligne au faux titre, il fait mauvais effet : aussi ne s'est-il pas servi de ce mot au titre principal, qui, bien distribué dans cinq lignes, blesse l'œil à la base par sept lignes partiellement inutiles, qui montrent le côté faible de l'humanité en toutes choses.

Bodoni eut un grand talent. Il créa tout pour le luxe dans son art, qui, en Italie, n'avait fait aucun progrès depuis long-temps; en cela il était bien différemment placé que M. P. Didot, dont les ancêtres jouissaient déja d'une réputation établie. Par l'*Oraison Dominicale en cent cinquante-cinq langues* (1806), Bodoni fit preuve d'un talent supérieur : c'est un ouvrage brillant, qui, pour la richesse de l'exécution, ne peut être comparé qu'aux plus belles œuvres de son concurrent. Tout y est admirable et soigné; la facture des titres, des dédicaces, des textes, l'éclat de l'impression, la beauté du papier, lui donnent un mérite non contesté : c'est un véritable livre d'amateur. Pourtant, comme tous les ouvrages de Bodoni, il est tombé à un prix fort minime : bien que l'édition ait été achetée en partie par Eugène Beauharnais, alors vice-roi d'Italie, qui en fit des cadeaux, il s'en présente assez souvent dans les ventes, où l'on a de la peine à en obtenir trois ou quatre louis : cependant c'est un livre superbe; et, pour le mettre en rapport avec quelque chose de son auteur, on ne peut lui donner pour parallèle que le Spécimen du même imprimeur, en deux volumes grand in-4°, que sa veuve a publié en 1818, collection de caractères la plus riche qui parut jamais, mais où se répètent trop souvent quelques-uns dont l'emploi ne s'est présenté jamais à Parme, et qui attestent la superfluité de l'orgueil. (Voy. les *Notes supplémentaires.*)

Je répète que cet habile artiste n'eut point d'abord de carrière ouverte dans l'art qu'il éleva si haut par son génie; mais de bonne heure il eut de grands protecteurs: les frères *Amoretti*, dont je n'ai pas vu le nom dans les préfaces des ouvrages de Bodoni que j'ai lues, le secondèrent beaucoup dans ses immenses travaux, non point *par des bras habitués à l'enclume* pour la frappe des poinçons, comme s'exprime sa veuve dans l'avertissement du Spécimen, mais pour la gravure, par des connaissances très-étendues, et par une continuité d'obligeances non interrompues.

Tous les souverains qui régnèrent sur l'Italie furent les protecteurs de Bodoni.

Il était injuste envers les artistes qui suivaient la même profession que lui; et cependant, sans le Virgile, sans l'Horace, sans le Racine, de M. P. Didot, sans doute n'aurait-il pas produit le chef-d'œuvre de sa polyglotte.

Il mutila plusieurs de ses éditions pour ne pas offrir les passages que sa méticulosité repoussait. Et c'est en Italie, dans une atmosphère toute sensuelle, qu'un grand artiste a eu cette faiblesse!...

Comme Alfiéri, il affectait de repousser ce qui était français. Avant que force fût d'agir autrement, son antipathie avait pourtant fléchi pour une édition du poëme de *la Religion vengée*, par le cardinal de Bernis, qui venait de mourir à Rome après trente années d'expiation de folies, que ce prélat s'efforça de faire oublier quand il se fut assuré quatre cent mille francs de bons revenus; dans le courtisan d'Éléonore (1), Bodoni ne voyait que l'ami du Saint-Siége.

L'auteur d'un ouvrage assez léger, *l'Hermite en*

(1) A la génération présente, qui a trop affaire pour fouiller dans les désordres patens du Clergé catholique, on peut citer la chanson de Bernis, qu'il adressa à Mme de Pompa-

Italie, consacre l'article suivant à ce célèbre imprimeur, dont il sait bien relever quelques traits en mêlant des erreurs à son récit:

« La bibliothèque (de Parme) attire les curieux. On y montre les ouvrages imprimés par Bodoni.

« Je ne manquai pas d'aller voir cet homme célèbre, qui a tant contribué aux progrès de l'art typographique. Il venait d'être appelé au Corps législatif, et n'était que fort peu touché de cet honneur. En ce moment, on imprimait chez lui l'*Homère grec*, sur peaux de vélin, que l'on ne tira qu'à deux exemplaires, l'un pour Napoléon, et l'autre pour le roi de Bavière (1). J'étais accompagné dans cette visite

dour, quand il n'était qu'abbé en faveur, postulant pour le cardinalat,

>Le connais-tu, ma chère Éléonore,
>Ce tendre enfant qui te suit en tout lieu, etc.

Auprès d'un souverain tel que Louis XV, qui n'avait de volonté que par ses maîtresses, l'auteur d'aussi jolis couplets devait monter en dignités : c'est ce qui arriva au détriment de la France, dont le roi recevait le titre de *bien-aimé!!!* (Voy. *La Harpe, Cours de Littérat.*, t. x, p. 282, note; Paris, Dupont, 1825, in-8°.)

(1) Il semblerait que cet Homère n'a été tiré qu'à deux exemplaires sur peaux de vélin : il le fut à 170 exemplaires, dont 120 papier ordinaire, 30 papier vélin du pays, 18 beau papier vélin de France, et les deux sur peaux de vélin, dont l'un est dans la Bibliothèque nationale, à Paris. Napoléon donna dix mille francs à Lamberti, qui en avait corrigé les épreuves avec Morelli.

par un colonel de mes amis, qui se trouvait en mission à Parme; cet excellent officier était peu versé dans tout ce qui ne tenait pas à l'art de la guerre: il eut le malheur de n'admirer dans l'Homère de Bodoni que la beauté des feuilles de parchemin. Je ne vis jamais de coup d'œil plus expressif que celui que jeta sur moi le typographe. Malheureusement Bodoni était un dévot très-timoré, et ses éditions s'en ressentent : il n'a imprimé les ouvrages latins qu'*expurgati*; et le seul ouvrage français qu'il ait jugé digne de ses presses, est le poëme de la Religion, du galant cardinal de Bernis. » (N° XVIII, t. Ier, p. 286.)

Joachim Murat, roi de Naples, eut l'idée de faire imprimer quelques livres classiques pour l'éducation

---

Napoléon consolait d'une main quand de l'autre il avait imposé son joug. Ce bon roi de Bavière, pour lequel il faisait tirer un Homère sur peaux de vélin, avait cruellement souffert des réquisitions de toutes sortes que lui avait imposées le conquérant. M. R....y, qui suivait la carrière des armes par goût, en qualité d'aide-de-camp de l'un de ses amis revêtu d'un grade supérieur, est envoyé vers ce roi avec une missive. Comme l'ambassadeur qui surprit Henri IV faisant le cheval, il le trouve jouant de la plus tendre affection avec ses enfans, qu'il quitte aussitôt pour ouvrir la lettre, et dire : « Voyez, Monsieur, combien je suis malheureux! toujours, toujours des demandes pour écraser mes sujets! Il est impossible d'y suffire : je ne sais ce que nous deviendrons. Lisez vous-même. » Rien ne pouvait se comparer à la douleur de ce prince, dit M. R....y : c'était bien le meilleur homme du monde!

de son fils : Bodoni lui fut désigné; mais cet artiste ne put voir terminer que le Télémaque, en deux volumes grand in-folio, sur papier vélin (1812). En 1813, le théâtre de Racine, était près de paraître, quand Bodoni mourut (1). En 1814, sa veuve donna les Fables de La Fontaine et les OEuvres de Boileau, de cette riche collection qu'elle eût continuée sans les graves événemens qui survinrent. Ces quatre auteurs, tirés chacun à 150 exemplaires, sont les seuls Français imprimés par Bodoni en grand format, à la suite du poëme de Bernis : car, quoique dévot scrupuleux, il se permettait des incursions dans le domaine de la sensualité ; je possède un *Temple de Gnide*, par Montesquieu, petit in-8°, papier vélin, qui en offre la preuve, et l'on peut dire que cet ouvrage, comme beaucoup de ses éditions, porte le signe du baroque.

Quelle que soit la réputation que Bodoni ait laissée, tous ses ouvrages sont tombés singulièrement de prix, et la raison la plus forte d'un tel discrédit, c'est l'incorrection ; ensuite, c'est qu'il ne faut pas se livrer à la spécialité d'un luxe trop grand dans les livres, pour certains amateurs à fortunes colossales : il faut imprimer pour les classes studieuses des nations ; et comme l'exploration de la pensée grandit

(1) Lui, qui n'aimait pas les Français, mourut en rendant hommage à l'un de leurs plus beaux génies.

de jour en jour, un éditeur doit mettre ses volumes à la portée des fortunes médiocres, et même à celle des prolétaires travailleurs qui ont besoin d'instruction.

Sans partir du point élevé des in-folio, on peut dire aujourd'hui que la France donne un juste motif à la violation du droit de propriété pour quiconque contrefait ses ouvrages : de minces volumes in-octavo sont vendus huit, neuf, et jusqu'à onze francs. Et où se trouve donc la largeur de vos grandes vues libérales, écrivains à vues si désintéressées la plume à la main, mais rapaces dans l'action? Vous voulez le progrès des lumières en l'exploitant à votre profit. Vous parlez d'éclairer le peuple, vous demandez des établissemens pour son instruction, et vous lui fermez le sanctuaire en exigeant pour votre travail un prix qui est au-dessus de ses moyens.

Bruxelles a déja porté de grands dommages à la librairie française, et Bruxelles établit encore à un prix trop élevé. L'Allemagne entre aussi dans la lice de la contrefaçon : d'autres pays suivront; et l'on reconnaîtra sans doute qu'il est des bornes pour le prix de la pensée du publiciste comme pour toute chose matérielle à l'usage de la vie : soit dit en passant.

Volpi, Comine, Amoretti, Azara, Bodoni, L. Mussi, ont fait beaucoup en Italie pour rendre à la typographie l'éclat dont elle brilla même encore après les Alde, par l'aptitude des Giunti, des Porcacchi,

Giolito et autres : il faut une vie nouvelle à son peuple ; l'apathie le ronge depuis trop long-temps : de nouvelles forces feront naître chez lui de nouveaux besoins. Dans sa collection des Classiques latins *variorum*, Pomba de Turin aurait pu bien faire : l'ouvrage en était digne. Au lieu de cela, qu'a-t-on vu ? une impression que l'on croirait faite en Allemagne il y a cinquante ans.

4 Crapelet, heureux adversaire.....

Cet imprimeur n'a pas peu contribué à élever la typographie française à la sommité qu'elle occupe aujourd'hui. Il mérita la protection d'un ministre éclairé, qui ne cessa de l'honorer de son estime. L'*Histoire naturelle des Grimpereaux et Oiseaux du Paradis*, en deux volumes in-folio, imprimés en or, lui valut une médaille de bronze en 1802, moins pour l'éclat de l'impression, que pour l'arrangement et l'exactitude du texte. La plupart des autres ouvrages qu'il a imprimés sont recommandables à ce titre, le seul qui soit de durée pour tout homme instruit. Il savait apprécier le mérite de ses ouvriers, et c'était toujours avec la plus grande douceur qu'il les dirigeait. Son fils, non moins éclairé, est un typographe distingué, qui a fait paraître quelques observations judicieuses sur la théorie de l'art.

> 6 Son peuple..... unissait à sa gloire
> La Presse en ses transports joyeux.

Je crois me souvenir que, dans une des fêtes nationales au Champ-de-Mars, à Paris, une presse était dressée, et qu'on y imprimait les *Droits de l'homme* en plein air, aux yeux d'une population de plusieurs centaines de milliers d'individus. Je crois même que cette presse était dressée sur l'autel de la Patrie.

> 6 La France.....
> Approuva les sublimes pages
> De l'antique, du saint contrat.

Le *Contrat social* de Rousseau, porté dans les solennités nationales.

Ce qui suit a rapport à l'apothéose de Voltaire et de Rousseau, au Panthéon.

> 7 L'industrie.....
> Offrait les chefs-d'œuvre des arts.

Les premières expositions des produits de l'industrie au Champ-de-Mars. Oh! c'était alors que la France faisait envie! Au dehors, ses armées s'illustraient en manquant bien souvent de nourriture et de vêtemens; consolée des fureurs de l'anarchie à l'intérieur, elle donnait l'essor à son brillant génie en cultivant tous les arts libéraux qui ont fait connaître à chacun la valeur de l'individualité. La typographie ne tenait pas la moindre place dans ces concours, où le nom des Didot dominait.

M. Firmin, frère de Pierre, s'est montré longtemps infatigable dans toutes les parties de la typographie, qu'il a explorées à la fois comme papetier, comme excellent fondeur, et comme imprimeur célèbre. Ses innombrables éditions stéréotypes des classiques ont semé le goût de l'étude dans toutes les masses; vainement on a lutté contre elles : la pureté de leurs textes et leur netteté ont triomphé de la concurrence.

Sa fonderie, sans cesse active, a fourni des caractères à toutes les parties du monde. Son frère n'a jamais fondu que pour son usage.

M. Firmin a dessiné et gravé ces belles *anglaises* si nécessaires, si brillantes dans les ouvrages courans d'administration et de commerce, et qui sont ainsi nommées, non point comme inventées par nos voisins d'outre-mer, mais parce qu'elles imitent l'écriture en usage dans leur pays. C'est lui qui en a conçu et réalisé l'invention en types mobiles.

Les presses de M. Firmin Didot ont produit non moins d'ouvrages recommandables que celles de son frère : les belles éditions du *Camoëns* et de la *Henriade* appartiennent, on le voit, à la même famille d'artistes.

Non moins éclairé que son frère en littérature, il a fait paraître plusieurs ouvrages de poésie qui ont été favorablement accueillis. On lui doit gré surtout de ses opinions politiques à la tribune délibérative, comme député du département d'Eure-et-Loir, où sont situées ses papeteries. Il réclama au sujet de la pétition du sieur Cordier, qui demandait à la Chambre législative la révision des lois sur la presse, pour les mettre en harmonie avec la Charte, et le rétablissement du Jury, pour le jugement des délits de la presse :

« Dans les temps voisins de la barbarie, disait-il à cette occasion dans la séance du 26 avril 1828, les imprimeurs jouissaient de droits extraordinaires, de prérogatives, de priviléges; ils étaient exempts du logement des gens de guerre, de la garde de la ville, à moins d'un péril imminent; enfin, leur profession était séparée des arts mécaniques. Aujourd'hui, dans un siècle de lumières, les successeurs de ces anciens typographes qui voyaient à demeure, dans leurs établissemens, les savans de premier ordre, et je dirai même de la plus haute naissance, Casaubon, Érasme, Mélanchton, Lascaris, les successeurs des Alde, des Étienne, des Richardson, des Franklin, des Gessner, demandent à être mis au niveau de tous les artisans.

« Messieurs, ce sont les lois qui font les hommes.

Que les lois cessent enfin de traiter en ennemis, d'entourer de piéges, de terreurs, de châtimens, les typographes, dont l'état n'est pas sans quelque dignité; leurs presses repousseront, non point sans doute l'écrit courageux qui dénonce les abus, mais tout ce qui serait hostile envers un gouvernement protecteur qui conserve les droits de tous. On obtient très-peu des Français par la menace; on en obtient tout par une noble confiance. »

8 Gillé, Vaflard, et Vibert même.....
Léger, Molé.....

Tous artistes qui ont secondé la grande impulsion de la presse, et l'ont amenée à sa rénovation complète par des efforts non interrompus. Peu de graveurs ont autant travaillé que M. Vibert.

9 Et tandis que la France libre.....
Admirait l'éclat de Vénus.

J'ai rapproché ici deux événemens qui ne sont point de la même époque : les monumens des arts envoyés de Rome à Paris par Bonaparte, n'arrivèrent dans cette ville que vers la fin de l'an v (1797); seulement une année après, l'armée française s'illustra sur les bords du Nil, que, par extension, j'oppose au Cydnus, où elle ne s'est jamais désaltérée, mais dont le nom réveille un souvenir tout poétique...

¹⁰ Amoretti, son ancien guide.....

Voyez ci-dessus, p. 19, ce que j'ai dit à ce sujet.

¹¹ Éliza, son nouveau Mécène.....

La princesse de Lucques et de Piombino protégea Bodoni, et l'encouragea dans ses opérations : aussi, lui en témoigna-t-il sa reconnaissance dans les dédicaces bien expressives de quelques-uns de ses livres. Je me souviens du caractère enjoué de Mme Bacciochi, de sa gaîté, de ses folies même, lorsque Bonaparte revint d'Égypte : elle demeurait alors chez son frère Lucien, à Paris, rue Verte, où j'étais seul compositeur dans une petite imprimerie qu'il lui avait pris plaisir de faire monter chez lui. Cette Dame s'abandonnait à une grande vivacité : dans ses paroles toujours honnêtes, on voyait l'expression d'un bon cœur. Je ne me doutais guère, en démontrant un jour le classement des lettres dans la casse à deux hommes qui me questionnaient sur le mécanisme de l'imprimerie, que le frère de l'un serait empereur, et que l'autre régnerait sur les Suédois. Quand Bonaparte vint voir son frère, il questionna les employés de sa maison sur leur origine. Dès ce moment, lorsque le frère du général revenait du Conseil des Cinq-Cents, j'entendais souvent faire cette question, *Y a-t-il du nouveau ?* Effectivement, le *nouveau* ne tarda pas à paraître.

> ¹² Le *Spécimen* est une école
> Qui doit braver les coups du sort.

Voyez ce que j'ai dit ci-devant sur le Spécimen de Bodoni, p. 119, et les *Notes supplémentaires*.

> ¹³ Comme Pierre, sans artifice,
> Il ne cède rien au caprice.....

Sans revenir sur les travaux de ces deux artistes, bien raisonnés dans leurs effets, jetons un regard sur quelques-uns des moyens qu'ils ont employés pour captiver l'œil par la disposition des caractères.

L'un et l'autre ont senti que la régularité dans les textes établissait l'harmonie; à cet effet, ils ont toujours observé un espacement égal entre les mots, en préférant les diviser par la plus petite syllabe, pour arriver à un tel résultat; et cette égalité de l'espacement, chez les Didot, est en raison du caractère : car l'on sent bien que si trois points suffisent pour le caractère huit, pour le douze il en faut quatre, et ainsi de suite. Cette égalité de l'espacement fait la beauté d'une composition.

A l'égard de la difficulté qui, dans ce cas, se rencontre pour la division des mots au bout des lignes, on sent bien encore que, dans les petits formats, on peut séparer la syllabe d'un mot tel qu'*avoir*, pour ne pas trop élargir la ligne, comme aussi l'on peut diviser *belle*, en reportant *le* au commencement de la ligne suivante. Mais, à commencer de l'in-4°, les lignes offrant une plus grande latitude, il serait ridicule de diviser ainsi, parce que, par la répartition égale en espaces fines, et entre les mots, de la valeur de l'*a* et des deux lettres *le*, l'augmentation devient presqu'insensible à l'œil.

La règle pour l'espacement des ponctuations doit être uniforme aussi :

Chez nous, le point seul doit être contre la lettre.

La virgule, le point-virgule, les points d'exclamation et d'interrogation, doivent être séparés du dernier mot de la phrase à laquelle ils appartiennent, par la moitié de l'espace qui est entre les mots; le deux points doit l'être par les trois quarts.

Mettre un quadratin à la fin de chaque proposition, c'est agir contre la valeur logique : dans ce cas, le point est assez indicateur.

MM. Pierre et Firmin Didot ont su donner aux caractères une légèreté de traits, un précis dans la taille, que l'on n'avait pas connus avant eux. En général, il y a dans leurs majuscules une opposition des pleins aux déliés qui séduit l'œil, et une coupe qui ne leur laisse rien de louche. Leurs titres sont savamment divisés : ils savent toujours faire dominer le mot principal sans trop de brusquerie. Le noir qu'ils emploient est franc. Tous les blancs sont parfaitement en rapport dans les textes. Enfin, dans leurs ouvrages, il y a un ensemble qui ne permet jamais de douter de leur talent; tout prouve en eux une entière connaissance des ressources de l'art qu'ils professent, et une coïncidence harmonieuse qui ne laisse rien à désirer.

> 14. Ses œuvres, où le vain scrupule
> Semble redouter la férule,
> Charmeraient encor nos momens.

Ce n'est pas toujours par l'ensemble d'une œuvre qu'il faut comparer un artiste à l'autre, c'est par les détails. Jamais l'on ne trouve dans les caractères des Didot ce tâtonnement sans cesse renouvelé sur les formes des lettres, comme les italiques à angles arrondis de Bodoni; on ne les voit point pécher par l'approche, la ligne, la pente et de vains motifs d'ornement, pour s'éloigner du genre simple.

> 15 Évitez le vain étalage
> Des vignettes et des fleurons......

Voyez les *Notes supplémentaires*.

> 16 Ainsi Clymer, ainsi Stanhope,
> Résumant de puissans ressorts,
> Dotèrent à la fois l'Europe
> Du fruit de généreux efforts.

La mémoire de Charles, comte de Stanhope, doit être chère à l'humanité; il se montra constamment son défenseur et son appui. Le séjour de Genève, où il vécut à plusieurs reprises, ne contribua pas peu à nourrir en lui le mépris pour les prérogatives nobiliaires : il servit dans la milice de ce canton, et s'y distingua comme un fort tireur. George-Louis Le Sage, auteur d'une *Théorie des Fluides élastiques*, et citoyen de Genève, lui inspira le goût des sciences physiques et mathématiques, dont il s'occupa jusqu'à sa mort. Les succès qu'il obtint dans la philosophie naturelle et expérimentale, provoquèrent en lui cette succession d'idées vraiment libérales, par lesquelles il s'est acquis une célébrité solide. Toute sa vie il plaida pour le peuple, et voulut le représenter à la Chambre des Communes, où il vota contre la guerre d'Amérique, et pour les changemens que nécessitait la représentation nationale.

A la mort de son père, arrivée en 1786, il prit place dans la Chambre des Pairs, et ne cessa pas de combattre les prétentions du parti aristocratique. En 1788, dans la discussion sur l'affaire de la régence, à l'occasion de la maladie du roi, il soutint qu'en cas de vacance du trône, les deux chambres avaient le droit et le pouvoir d'y suppléer, d'après ce principe, que *toute autorité juste et légitime ne peut dériver que du peuple*. Il se montra grand partisan de la révolution française, et chercha dans une brochure à détruire l'effet de la partialité vénale d'Edmond Burke, qui, dans des réflexions sur cette révolution, en avait attaqué les principes, plus par suppositions paradoxales qu'à l'aide de la vérité, mais non pas sans éloquence, et que les faits qui nous environnent aujourd'hui réduisent à leur juste valeur.

Stanhope était membre de la Société anglaise de la Révolution. En 1792, on le vit défendre le fameux bill de la liberté de la presse.

Il s'opposa continuellement à la guerre contre la France, et, pendant cinq années, cessa d'assister au Parlement. Il y reparut en 1800, pour demander que la Chambre détournât le Roi de s'occuper de la cause des Bourbons: cette motion ne fut point goûtée. Ce fut alors que, dégoûté des affaires politiques, il s'adonna à des occupations plus en rapport avec son âme généreuse: l'amélioration de ses propriétés agricoles, et des travaux mécaniques, occupèrent sa vie jusqu'au 13 septembre 1816, époque de sa mort.

Aux yeux de ces gens qui sont infatués d'un vain titre de noblesse, Charles Stanhope paraissait ridicule, puisqu'il estimait le peuple, et qu'il cherchait à s'en rapprocher; sa pensée n'avait d'action que pour en améliorer le sort: il s'en occupait sans cesse. Il aurait marié sa fille avec un artisan, si cet artisan, avec la qualité d'honnête homme, eût pu la rendre heureuse. Il sera toujours beau de voir le génie et la richesse s'unir, par intimité de conscience, aux masses industrielles, afin de les éclairer et de les soulager dans leurs travaux.

Le blâme dont une certaine classe d'hommes se plaît à couvrir la mémoire de Charles Stanhope, n'altère en rien le souvenir si cher des vertus qui le caractérisèrent comme homme d'état, comme homme privé, comme philanthrope. Philippe-Henri, son fils, ne laissera pas certainement un pareil exemple de perfectibilité morale : les invectives qu'il s'est permises contre la France, n'ont fait voir en lui que l'irascibilité de la calomnie, dont il hérita de son oncle Pitt, et qu'il n'eut pas la loyauté de soutenir en répondant aux défis qui lui furent faits à cet égard.

On est porté à croire que lady Esther Stanhope s'est chargée de la réparation des torts de son frère, en accueillant les Français dans la retraite qu'elle s'est choisie sur le mont Liban, où elle semble garder un profond mépris pour ses compatriotes, qu'elle dédaigne de voir.

L'estétique n'exerce-t-elle pas une grande puissance sur ces trois individus Stanhope? Charles, populaire avec l'enthousiasme de la philanthropie; Philippe-Henri, son fils, orgueilleux de sa naissance et de sa fortune, insultant une nation brave et généreuse, à laquelle l'humanité doit une grande part de son émancipation par les lumières et le goût qu'elle a propagés de toutes parts ; lady Stanhope obtenant une célébrité parmi des ruines, où, sous le nom de *reine de Palmyre,* elle jouit de l'indépendance des enfans du désert, en affectant de regarder la civilisation contemporaine comme un type de dégradation : réellement, il y a là trois caractères bien prononcés, dont l'étude n'est pas stérile; mais le second se réduit à bien peu de valeur en établissant entre eux un parallèle moral.

Parmi les dernières découvertes de Charles Stanhope, on citera toujours avec éloge la presse qui porte son nom, et qui a produit une révolution générale et subite dans la typographie : allégement dans la fatigue, économie de temps, perfection dans le travail, solidité mécanique, aplomb parfait, coïncidence des pièces en rapport par la force, simplicité d'appareil, tels sont les résultats non contestés de cette presse, dont on s'est empressé de faire usage partout où l'on se pénètre de la noblesse d'un art qui se montre en tête des élémens de la civilisation.

Fixe par son propre poids, la presse Stanhope n'a pas besoin de cette quantité d'arcs-boutans en bois que l'on appelait *étançons*, et qui, d'un atelier où se trouvaient plusieurs presses, fesaient une forêt de charpentes, désagréables à l'œil, et nuisibles à la solidité des bâtimens qui les contenaient. La *juxta-position* de la platine et du marbre, fondus en rapport, laisse peu à faire pour arriver à l'uniformité de tirage, qui n'est plus soumis à la force de l'homme, mais à un levier, dont on commande l'action par un régulateur, qui alonge ou raccourcit le coup selon la taille de l'ouvrier. L'élasticité du barreau que produisaient les garnitures du sommier dans les jumelles aux presses en bois, n'a plus lieu, et les planchers ne sont plus ébranlés par son action, puisque le *maximum* de la pression n'est pas fixé par l'homme, mais par le régulateur, qui ne permet jamais au barreau d'aller au-delà du point fixé.

Comme dans cette machine tout a été soumis à l'évidence de l'unité d'action, et qu'ensuite chaque pièce a été reconnue nécessaire au complément de cette unité, on peut dire que son auteur ne pouvait pas mieux faire, et que sans doute l'on ne fera pas mieux.

Le caprice jaloux a voulu donner le change sur la perfection de cette machine, en la soumettant à quelques améliorations : le bon sens a fait justice de ces prétendues innovations, dont on affectait prétentieusement de faire un secret. Tout est positif en mathématiques, et ce n'est pas après des résultats parfaits que l'on peut dire qu'une machine est incomplète. L'évidence a constaté les faits de la presse de Stanhope, construite sur la vérité non récusable d'action et de réaction.

Ce philanthrope a voulu adoucir la condition de l'ouvrier attaché à un travail pénible, il y a réussi;

il a voulu l'affranchir de la contention d'esprit qu'exigeait trop souvent la réparation de la machine sur laquelle il gagnait son pain, il y a réussi; par l'action des forces entre elles, il voulait que la beauté d'exécution fût indépendante de la volonté de l'homme, il y a réussi : Grâces à jamais soient rendues à Charles Stanhope!

Georges Clymer, de Philadelphie, a inventé une presse magnifique pour les grands formats. (Voyez la note suivante.)

<blockquote>
17 Voyez ce mécanisme utile
Chez Jules, Firmin, Crapelet :
</blockquote>

Ces trois imprimeurs de Paris ne sont pas assurément les seuls qui s'empressèrent de changer le vieux matériel de la presse; M. Rignoux eut même des presses à la Stanhope avant M. Crapelet; mais je dois citer les notabilités parce qu'elles font exemples, et que d'ailleurs les messieurs Didot se sont toujours montrés les premiers à profiter des améliorations, et à hâter les progrès.

Les ateliers de M. Jules Didot offraient, il y a huit ans, une belle réunion de machines nouvelles : dans la pièce que l'on appelait *Galerie*, il y avait plusieurs presses colombiennes d'un beau fini, et que l'on fesait manœuvrer journellement; une surtout était remarquable par ses ornemens en relief : c'était la plus grande presse qu'il y eût alors à Paris; on y imprimait d'un seul coup, et sans effort, des ouvrages d'une très-haute dimension; son inventeur est Georges Clymer, de Philadelphie : elle avait été établie à Londres. Sa platine offre un plane de plus de trente-six pouces sur près de vingt-trois.

J'ai eu l'occasion de connaître la perfection de cette presse, ayant été appelé à y mettre en œuvre, sur le marbre, un tableau statistique de la France, en 48 colonnes, entourées d'une large vignette, sur le texte duquel la platine n'avait que trois lignes de saillie de tous côtés. Après quelques feuilles de mise en train, l'uniformité du tirage était parfaite, bien que la composition fût de divers petits caractères pleins, entremêlés de beaucoup de filets.

Le jeu de cette machine est admirable; un enfant de douze ans peut la mettre en action, tant la force centrale est bien combinée. A l'inspection, il est aisé de voir que c'est par le renvoi divisé des forces que la mutation est adoucie.

Le savant imprimeur John Johnson, de Londres, a donné la description de cette belle machine dans sa *Typographia, or the Printers' Instructor*. On peut consulter à cet effet le bel ouvrage de Th. C. Hansard, sur la Typographie, imprimé à Londres en 1825 par Baldwin, Cradock et Joly, grand in-8°, avec figures. (Voyez les notes de la quatrième époque.)

Quatrième Époque.

LIBERTÉ.

ARGUMENT.

Innovation dans les caractères. — Genre grotesque. — Invasion du gothique. — L'art s'effraie d'un pareil engouement. — L'élégance relève le burin français par les soins des Didot et des Pinard. — Rignoux, célèbre imprimeur. — La Charte, multipliée à l'infini. — La presse, sentinelle avancée contre les envahissemens de l'arbitraire. — Retour à l'Espagne. — Influence de la liberté de la presse en Angleterre. — Westminster. — La presse dans l'Inde, dans l'Amérique. — Évocation. — Franklin. — Épilogue.

LIBERTÉ.

Vague incertain de la pensée,
Caprice, jouet du hasard,
Sur vous l'ignorance insensée
Quelquefois porte le regard :
Telle la bulle de l'enfance
S'évapore sous la puissance
De l'astre ennemi de la nuit,
Votre existence est passagère ;
Et, dans cette course éphémère,
Vous ne trouvez aucun appui.

Du burlesque la forme insigne
Plaisait par innovation;
Sous mille traits, dans chaque ligne,
Il provoquait l'attention.
Albion, follement éprise,
Avait consacré la méprise
En l'accueillant avec faveur:
Du goût il méditait la chute;
Chaque jour le montrait en butte
A la fougue de sa fureur.

On voyait le pesant gothique,
Pour affecter de grands effets,
Sous une figure emphatique
Dépraver les plus beaux sujets;
Des types, enfans du délire,[1]
Sans cesse rappelaient l'empire
Et des Scarrons et des Callots;
L'art, replongé dans les ténèbres,
Caché sous des voiles funèbres,
Exhalait sa plainte en ces mots:

« O douleur ! ma gloire est ternie
« Par l'élan de la nouveauté !
« Des types la grace bannie
« Signale un abus effronté.
« Dignes soutiens de ma puissance,
« Aujourd'hui prenez ma défense,
« De nouveau dessillez les yeux ;
« Enfantez encor des prodiges,
« Et dans ses futiles prestiges
« Frappez un monstre audacieux.

« Père d'une aveugle démence,
« Cet intrépide novateur
« Ouvre un champ vaste à la licence,
« Fière de s'unir à l'erreur.
« Ne produisant que lourdes masses,
« Il évite avec soin les traces
« Du simple, du beau, du savoir ;
« Enivré d'un succès frivole,
« Il ose établir une école
« Sur les débris de mon pouvoir. »

Il dit. Aussitôt l'élégance,
Relevant le burin français,
Anéantit par sa puissance
Du gothique le faux succès;
De toutes parts on voit paraître
Les dignes émules du maître
Qui du goût enseigna les lois :
Didot, Pinard, et Rignoux même, [2]
Pénétrés d'un amour extrême,
De l'art rétablissent les droits.

De ces typographes modèles
La France accueillant les efforts,
Vit s'élever des voix rebelles
Pour en affaiblir les transports;
Mais, fuyant l'éclat téméraire
De l'hypocrite mandataire
A l'abri d'un saint mandement, [3]
De Voltaire elle évoqua l'ombre,
Et, par des volumes sans nombre,
Consolida son monument.

Alors de Louis la promesse
Brillait en un code sacré
Où le peuple, avec allégresse,
Croyait son bonheur assuré :
Aussi, la presse avec courage
Multiplia ce digne ouvrage
De la grandeur de ses aïeux,
Et la France reconnaissante
Vit dans la Charte triomphante
Les présages les plus heureux.

Palladium, précieux gage
De l'assurance de nos droits,
Contre toi s'élève la rage
De l'ambition aux abois ;
C'est en vain : ton esprit sublime
Résiste à l'attaque du crime,
Habile à te calomnier ;
La France, libre à ton aurore,
Long-temps doit te garder encore,
Et la presse est ton bouclier. [4]

Elle seule veille sans cesse
Contre les envahissemens
D'un pouvoir qui, dans sa rudesse,
Insulte aux nobles sentimens.
Toujours sentinelle avancée,
Elle arrête par la pensée
Son avide usurpation;
Et, l'épiant dans ses abymes,
Le montre entassant ses victimes
Aux feux de l'Inquisition.

Ainsi d'Ibarra la patrie,
Plus éclairée en ses malheurs,
Sous l'empire de l'industrie
Doit finir ses longues douleurs.
En brisant d'un pouvoir occulte
Les chaînes et l'aveugle culte,
Elle connaîtra mieux ses droits,
Et de la presse productive
Accueillant la force impulsive,
De la raison suivra les lois.

Telle d'Albion l'opulence
Conduisant d'immenses ressorts,
Doit à la presse l'influence
Dont se couvre son vaste corps. [5]
Sa prévoyante politique
Enhardit l'esprit, et s'applique
A protéger l'humanité :
Elle réprime la licence,
Et dans une égale balance
Fait toujours pencher l'équité.

Sur cette terre aucune entrave
De l'esprit n'affaiblit l'essor :
Toujours libre il s'élance, et brave
La fortune ou l'injuste sort ;
Là, fier de son indépendance,
D'une servile obéissance
Jamais il ne connut l'affront :
C'est l'éclair qui fend les nuages ;
Honoré de nombreux suffrages,
Des lauriers couronnent son front.

Westminster, tes voûtes funèbres
Parlent aux générations ;
Sur tes marbres des noms célèbres
Fixent les illustrations ;
Et dans l'asile du silence,
Canning, dont la mâle éloquence
Du peuple a soutenu les droits,
A l'abri de tous les orages,
Paraît, sous le poids des hommages,
Plus grand que la foule des rois.

Ombre chérie et tutélaire,
L'Europe, grandissant toujours,
A gémi sur l'heure dernière
Qui la prive de ton secours ;
Depuis, l'affreuse politique
Pour la tyranniser s'applique
A machiner de vastes plans :
Le peuple s'affranchit sans cesse,
Et nul orgueil, avec bassesse,
Ne peut arrêter ses élans.

L'Angleterre a vu des merveilles : [6]
Active en sa protection,
Elle a fertilisé les veilles
De la régénération.
L'influence de son commerce
Sur l'univers entier s'exerce,
Recueillant de riches tributs ;
Et, dans l'Inde, la presse encore
Du fanatisme qu'elle abhorre
Sape les antiques abus. [7]

De l'Orénoque aux bords du Gange
Quand elle répand ses bienfaits,
L'homme, par un heureux échange,
Marche de succès en succès.
C'est en vain que l'hypocrisie,
Du pouvoir en secret saisie,
Lui met un bâillon assassin :
Comme un torrent elle s'avance,
Brise l'obstacle à sa puissance,
Et poursuit son vaste dessein.

Levez-vous, ombres immortelles
Des Étiennes et des Plantins !
De vos demeures éternelles
Suivez la presse en ses destins !
Toujours en prodiges féconde,
Voyez-la dans le Nouveau-Monde
Rendre l'homme à sa dignité,
Et, foulant aux pieds l'esclavage,
De Franklin encenser l'image
Aux accens de la Liberté ! [8]

ÉPILOGUE.

Ainsi je finis ma carrière :
J'ai chanté d'utiles travaux ;
Mais de la trompette guerrière
Retentissent tous les échos :
Hé quoi ! le démon de la guerre
Va-t-il ensanglanter la terre ?
Ramène-t-il l'oppression ?
Non, non, la Grèce est consolée :
Du Pinde la muse exilée
Rappelle l'inspiration.

Vainqueurs nouveaux de Salamine,
Le sort couronne vos exploits ;
Et la sagesse dans Égine
Va bientôt assurer vos droits.
Vierges de Gnide et d'Amathonte,
Vous ne subirez plus la honte
D'un impudique châtiment :
Navarin finit vos alarmes, [9]
Et la pureté de vos charmes
Échappe à l'abrutissement.

Le Temps, qui s'agite sans cesse,
Annonce de grands changemens :
Le Mensonge a trop de vieillesse,
La Terre est lasse de tourmens. [10]
Le joug pesant de l'arbitraire
Cède à l'astre qui nous éclaire,
Et tombe de perfides mains ;
Les fruits de la Typographie
D'une douce philosophie
Vont pénétrer tous les humains.

Charme divin, volupté pure,
Puissiez-vous enivrer nos cœurs,
Et répandre sur la nature
Les tableaux les plus enchanteurs !
Que, dans l'un et l'autre hémisphère,
L'homme jamais contre son frère
N'exerce un inique pouvoir !
Que des lois le juste équilibre
Le protége, et le tienne libre
Dans la balance du devoir !

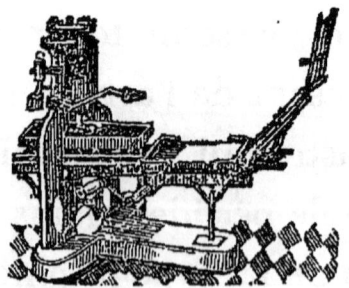

NOTES

DE LA QUATRIÈME ÉPOQUE.

[1] Des types enfans du délire.

Voltaire a dit, « Le goût peut se gâter chez une nation : ce malheur arrive d'ordinaire après les siècles de perfection. » Voilà quelle était notre position en 1823. Des chefs-d'œuvre de toutes sortes avaient signalé la typographie française, lorsqu'un engouement prodigieux pour les caractères étrangers, nous jeta dans la confusion la plus ridicule, afin de paraître singuliers.

Le débordement des lettres à effet nous vint d'outre-mer. Encore, si l'on se fût borné à la copie des lettres latines, si bien prononcées par Caxlon et Figgin's de Londres, le mal n'eût point été apparent; et même, en imitant la taille admirable, la ligne, l'approche et la pente régulière de ces habiles fondeurs, la France aurait acquis quelques degrés de plus dans la perfection des types; mais, au lieu de cela, on copia tout le baroque, le singulier de leurs travaux : gothique, allemand, égyptien, étrusque, tous les genres furent importés, et mêlés comme un poudingue aux titres et aux textes.

Les lettres gothiques dominaient surtout ; avec les initiales de ce caractère, on composait des lignes entières, lesquelles, accompagnées de motifs d'ornement, demandent un œil exercé pour être lues à livre ouvert. La gothique allemande avait aussi sa place, et Dieu sait si beaucoup d'amateurs savaient la lire ! Enfin, on était en droit de demander un abécédaire à tel éditeur de livres, afin d'en épeler les titres : c'était à qui se singulariserait le plus.

Un imprimeur, époux d'une dame poète qui affectionne singulièrement le moyen âge, ne s'occupait qu'à revêtir ses impressions d'une enveloppe gothique : couvertures, titres, vignettes, fleurons, initiales montantes, préliminaires en losanges, tout ressortait du style des 15me et 16me siècles, époques de l'enfance de l'art.

Un autre, amateur d'antiquailles, exposa au Louvre, en 1823, un essai d'impression rouge et noire : l'époque lui souriait pour revenir au livre rouge. Le goût n'en prit pas, et l'imprimeur ne vit la notabilité féodale qu'en perspective.

A cette époque commença la manie des éditions myopes ; plusieurs échantillons de caractère demi-nompareille ou trois, avaient été vus à cette même exposition de 1823, mais très-imparfaits dans la ligne et dans l'approche. On les utilisa pour des livres que l'on ne peut pas lire, et dont l'établissement prouve la légèreté de l'esprit français dans les opérations commerciales, surtout dans celles de la librairie.

On peut dire aujourd'hui avec justice que la plupart de ces éditions compactes ne méritent pour asile que le magasin de la beurrière, où l'abondance d'autres œuvres déchues, et mises à la livre avant elles, ne leur permet pas encore d'aborder.

A cette époque, on s'efforçait d'être ridicule dans l'invention ou la copie des initiales, surtout pour les affiches, qui ressemblaient, par leurs formes gigantesques et l'étrangeté des types, à des mosaïques que paraissait avoir produites le génie de Gargantua et de Callot.

Qu'est-il resté de ce débordement subit? quelques lettres grasses à effet, qui, bien employées dans les titres, produisent d'heureuses transitions.

En général, cette nouveauté d'initiales mates, fortement nourries pour l'œil, ne convient pas dans des ouvrages de luxe, dans le grandiose de l'art: les belles majuscules françaises domineront toujours sur les effets du caprice. (Voy. CRAPELET, *De l'Imprimerie, considérée sous les rapports littéraires et industriels*, pag. 39, note.)

[2] Didot, Pinard, et Rignoux même.

Dans la grande rénovation typographique, on peut dire que chacun a payé son tribut à l'innovation, et que, comme dans l'ancienne école littéraire, l'uniformité d'un genre long-temps soutenu exigeait que l'art fût changé dans quelques-uns de ses élémens.

M. Jules Didot a largement fait son ovation à l'originalité, mais presque toujours dans le courant. Après cela, quand il a fallu produire pour les amateurs instruits, de belles choses sont sorties de ses presses: les éditions de Rabelais, de la Satyre Ménippée, de Delille, du Voltaire de Delangle; sa collection des Classiques français *variorum* pour le libraire Lefèvre, son Phèdre in-folio, et quantité d'autres belles choses, ont fait voir que, pour être apprécié, il ne faut pas s'écarter de la route si habilement tracée par son père et par son oncle.

Dans son *Temple de Gnide* in-folio, M. Pinard s'est montré le digne émule des hommes célèbres en typographie. Dès son arrivée dans la capitale, on a vu qu'il visait au luxe : il le prouva par de constans sacrifices. Ce livre demande à être examiné avec soin :

Je ne crois pas que des lettres ombrées soient jamais d'un bon effet dans un livre de luxe ou de bibliothèque : les colifichets doivent être laissés pour les feuilles banales, d'administration, de comptabilité ou d'étalage, comme tableaux statistiques, géographiques, historiques, dont on commence l'exploitation avec une fureur qui, comme tant d'autres, ne durera pas long-temps. L'œuvre de M. Pinard contient deux lignes de ces lettres, qui, dans aucun titre, ne produisent un bel effet.

L'italique de sa préface, dû au burin de feu Lombarda, n'a pas fait fortune; les motifs qui accompagnent certaines lettres ne sont pas heureux. En général, ce caractère est grêle; il n'a point de franchise, point de vigueur dans la taille, et, dans bien des parties, il est éraillé.

Le frontispice a une figure ramassée, et ne comporte point l'aspect large de quelques-uns de ceux des Didot.

Les pages du texte sont longuettes: deux lignes de moins à chacune auraient mieux harmonisé, je crois, l'ensemble de l'ouvrage.

M. Pinard, habitué depuis long-temps aux ouvrages de commerce, débutait à Paris dans une nouvelle carrière; il s'est un peu trop hâté dans ses essais, et aurait pu faire mieux, s'il ne se fût pas pressé pour arriver au temple dont Voltaire dit que

> Simple en paraît la noble architecture;
> Chaque ornement, à sa place arrêté,
> Y semble mis par la nécessité:
> On y voit l'art sous l'air de la nature;
> L'œil satisfait embrasse sa structure,
> Jamais surpris, et toujours enchanté.

On reproche à M. Pinard la trop grande finesse des déliés dans ses grosses initiales, qui, n'étant point assez prononcés, font croire que ces initiales, vues à quelque distance, sont rompues.

Les divers spécimen que M. Pinard a publiés, ont fait voir en lui de l'imagination avec un jugement sain, deux facultés éminentes pour être artiste : c'est ce dont il a fait preuve dans les divers produits de ses presses, notamment dans ses éditions successives de l'Histoire de Napoléon, par M. De Norvins.

Je n'ai jamais vu d'homme plus actif, pour faire mouvoir les parties d'un établissement, que M. Rignoux; excellent praticien lui-même, il sait dès l'abord distinguer les capacités de chaque ouvrier qu'il emploie, et en faire l'application. Aucun détail ne lui est étranger dans la carrière qu'il poursuit avec succès, et je crois pouvoir dire qu'il peut servir de type à tout chef d'établissement, pour en diriger la marche. Je n'entends parler ici que de ses connaissances pratiques : car il n'est pas donné à chacun de joindre à cela l'éxtrême douceur de M. Pierre Didot, d'où dérivent toujours la bienveillance et la civilité, signes non équivoques d'une bonne éducation.

M. Rignoux s'est placé au rang des premiers typographes. Il a eu le bon esprit de ne point donner dans le genre grotesque. Les ouvrages courans qui sortent de ses presses sont d'une bonne facture.

Dans les grands formats, M. Rignoux a fait ses

preuves. Dans quelques-uns de ceux-ci, je crois que la base des frontispices, au-dessous du fleuron, n'est pas assez garnie. Au Voyage à Méroé, et à celui à l'oasis de Syouah, j'ai remarqué que l'indication de l'imprimerie est trop minime; une ligne pleine, de la justification du texte, aurait mieux harmonisé les pages, en grossissant surtout un peu plus le millésime, ce qui aurait établi une saillie en rapport avec le titre de l'ouvrage.

Je ne crois pas que les observations de tout amateur soient à mépriser en fait de goût. Je le répète, un beau livre parle maintenant aux yeux de même qu'un dessin, une peinture : il faut en raisonner l'effet, voir, revoir, corriger, recorriger, le soumettre au jugement d'élaborateurs instruits; il faut dire et redire sans cesse,

Vingt fois sur le métier remettez votre ouvrage.

Dans le premier des ouvrages mentionné ci-dessus, je repousse la ligne en gothique, *Dédié au Roi*, avec deux majuscules d'un relief énorme : ce sont celles gravées par M. Cornouailles pour M. Firmin Didot, et là ce n'est qu'un colifichet.

On doit déplorer la suspension du *Manuel typographique* qu'avait annoncé M. Capelle, et dont M. Rignoux a imprimé une livraison. Cette livraison est vraiment admirable, et promettait beaucoup à ceux qui ne sont pas à même d'apprécier les promesses des riverains de la Garonne; elle consacrera néanmoins l'habileté de l'imprimeur qui l'a faite ainsi que l'érudition de M. Ch. Nodier, dont s'est aidé M. Capelle.

J'ai entendu dire que M. Rignoux avait entrepris de faire, comme auteur, un ouvrage semblable. On doit désirer qu'un tel praticien s'en occupe sérieusement. En fesant rédiger ses notes par un écrivain clair et précis, je crois que l'on aurait un ouvrage précieux, même après celui que M. Firmin Didot pourrait donner, comme graveur, fondeur, imprimeur et fabricant de papier. Surtout que l'on ne fasse pas un livre de manœuvre, une répétition de lieux communs dits et répétés cent fois; mais un livre d'artiste, un livre où les élémens du beau soient imprégnés à chaque page, un livre susceptible de produire d'excellens praticiens, qui sont si rares, et non pas tant de routiniers, qui sont si communs, et en redisant que l'instruction seule fait les artistes, comme les artistes seuls font les chefs-d'œuvre.

M. Firmin Didot n'a jamais donné accès au grotesque chez lui. Tout homme qui raisonne doit repousser cette anomalie choquante. Assez d'autres imprimeurs n'ont pas fait ainsi.....

Espérons que la typographie française, dans sa rénovation, prendra une assise pour offrir toujours le type du bon goût qui distingue la nation.

³ Mais, fuyant l'éclat téméraire
De l'hypocrite mandataire
A l'abri d'un saint mandement.....

Le grand-pénitencier de Notre-Dame de Paris fut assez maladroit de déclamer contre la nouvelle édition des œuvres de Voltaire que préparait le libraire Desoër: il est probable qu'il eût mieux servi les intérêts de la cour de Rome en recommandant à ses ouailles la lecture de ce livre, puisqu'il a eu la preuve que l'on ne tenait nul compte de ses paroles :

*Quicumque turpi fraude semel innotuit,
Etiam si verum dicit, amittit fidem.*
(PHED. fab. x.)

4 La France, libre à ton aurore,
Long-temps doit te garder encore,
Et la presse est ton bouclier.

LA CHARTE!... On n'a encore rien trouvé de mieux sur la pondération des pouvoirs. Pour le moment, c'est l'arche sainte : il faut se garder d'y toucher. Malheur aux sacriléges qui y portent la main ! *Cette France tant jolie, que Dieu sauve et garde* (1), les repousse de son sein.

Dans son numéro de décembre 1831, la *Revue encyclopédique* contient une sorte de critique assez

---

(1) Comme dit Jean de Troy, greffier de l'Hôtel-de-Ville de Paris, chroniqueur du 15ᵐᵉ siècle.

curieuse sur ce pacte des Français; il y a quelque chose de neuf dans les aperçus; on en peut juger par les passages suivans :

« La *Charte!* Toute l'histoire du juste-milieu, des doctrinaires et de l'aristocratie bourgeoise, depuis quarante ans, est renfermée dans ce seul mot. Louis XVIII, entouré des *monarchiens* de l'Assemblée constituante et de l'*anglomanie*, s'était empressé de réaliser, avec le double appui de la Providence et des rois coalisés, tous les anciens rêves du comte de Provence. La Charte, liée à l'ancien régime par son origine, admettait tout juste de la révolution ce qu'il en fallait pour restreindre les prétentions exagérées des absolutistes des hautes classes, et pour associer *libéralement* les classes moyennes au monopole des faveurs et des droits politiques.

« Pourquoi Mounier et Necker n'avaient-ils pas assez vécu pour assister à ce triomphe complet de leurs idées? Comme ils auraient célébré, eux aussi, la sagesse profonde que le Ciel, secondé par les Cosaques, venait de couronner miraculeusement pour fermer l'abyme des révolutions! Comme ils auraient parlé avec enthousiasme de l'*auguste auteur de la Charte!* Mais le tribut d'encens et de louanges qu'une mort prématurée les empêcha de payer au *prince législateur* dont ils avaient été les premiers conseillers, ce tribut fut largement payé par d'autres, par leurs héritiers, par leurs enfans. Madame de Staël, qui avait affecté un silence si étrange à l'égard de Napoléon, dans son livre *De l'Allemagne*, eut des paroles flatteuses pour Louis XVIII, qui, à son retour de Gand, lui fit, dit-on, remettre les deux millions que Necker avait déposés au trésor, et dont la restitution avait été refusée par les gouvernemens antérieurs. M. le duc de Broglie et M. le baron Mounier, dignes représentans des plus célèbres *pondérateurs* de 1789, ne manquèrent pas non plus de s'émouvoir et de tressaillir de reconnaissance pour le *roi philosophe* qui avait comblé, par l'octroi d'une charte, les derniers vœux de leurs pères et les premiers souhaits de leur enfance. Ils furent promus l'un et l'autre aux fonctions les plus élevées de l'état, et revêtus des dignités les plus éminentes. »

L'article dont ce passage est extrait est intitulé *De la Modération politique;* il est signé P. M. LAURENT.

> 5 Telle d'Albion l'opulence
> Conduisant d'immenses ressorts,
> Doit à la presse l'influence
> Dont se couvre son vaste corps.

Le Muséum britannique a conservé l'antidote des paroles du moine d'Héresbach, et de Rowland Philippe, prêtre de Londres, qui demandait la destruction de l'invention que Caxton avait importée dans cette ville (1) : c'est la prophétie d'un moine du 15ᵐᵉ siècle, qui, à la vérité, ne se montre guère partisan zélé des intérêts de l'Église, mais qui donne un démenti à tous les détracteurs de la nouvelle invention :

« A LA GLOIRE ÉTERNELLE DE L'IMPRESSION !

« L'an 1450 de Notre-Seigneur, Dieu inspira l'invention miraculeuse de l'Imprimerie. On ne s'accorde pas sur la date précise qui, selon *Nauclerius* et *Wymselingus*, se rapporte à l'année 1440 ; suivant d'autres à l'an 1446, comme le dit l'abbé d'*Urps*, dans ses *Paraleipomènes*. L'idée la plus commune, c'est qu'un habitant de Strasbourg, nommé J. Faust, ayant gravé sur le métal les lettres de l'alphabet, et appliqué ensuite de l'encre noire sur ce métal, vit l'empreinte des lettres se reproduire sur du papier blanc. Homme industrieux et actif, il alla plus loin, et forma des mots, puis des phrases, qu'il imprima de même sur le papier. Il vit que tout allait bien, fit part de sa découverte à ses amis *Guttemberg* et *P. Schafferd* (sic), et leur fit jurer de garder son secret. Des esprits inventifs ajoutèrent à cet art, encore grossier, des améliorations successives. Enfin, quels que fussent les instrumens du miracle, il est certain que

---

(1) Voyez ci-dessus, pag. 56 et 68.

l'Imprimerie, inventée par Dieu lui-même, n'est comparable, dans ses résultats, qu'au bienfait de la parole, qui nous vient aussi de l'ordonnateur et du maître des mondes.

« Nous ne doutons pas que le Saint-Esprit n'ait été l'auteur de cette découverte. Mais à quoi devait-elle servir? C'est ce qui nous reste à examiner. Il faut voir par quelle haute combinaison de sagesse le Très-Haut a donné à la terre ce grand bienfait de l'Impression, précisément à l'époque où les hommes en avaient besoin.

« On venait alors de condamner au feu les malheureux Jean Hus et Jérôme de Prague; cardinaux et patriarches, évêques et docteurs, avocats et juges, avaient consenti unanimement à faire brûler, comme hérétiques, ces hommes qui ne l'avaient nullement mérité: car ils reconnaissaient la suprématie du Pape, la transsubstantiation, la messe, et ne niaient aucun point majeur de la doctrine catholique. Au contraire, ils avaient dit la messe, et s'étaient plaint seulement de la domination excessive et temporelle que le souverain pontife exerçait sur le monde. Ils furent condamnés et brûlés pour cela ; et Dieu, voyant les maux de son Église, jugea dans son intime sagesse qu'il était temps d'y remédier et d'éclairer les hommes : il inventa l'Imprimerie!

« Ce ne fut point au moyen de l'épée et du ressort

(*du fusil*), ni avec la foudre et la tempête, que le Tout-Puissant vint au secours de la faiblesse humaine; mais en répandant par l'Impression l'écriture et la lecture; en repoussant les ténèbres par la lumière, l'erreur par la vérité, l'ignorance par le savoir. Les mœurs se sont donc améliorées. On a connu les langues des pays voisins et éloignés. La raison s'est fortifiée, les livres se sont répandus. On étudie l'Écriture sainte et les Docteurs; on s'instruit des choses de l'histoire; les temps sont comparés, les mensonges découverts, les vérités honorées, le tout (comme je l'ai dit) par le bienfait de l'Impression. Et *l'on verra que l'Impression produira de plus en plus les mêmes effets, et fera régner un jour la vérité dans tout son lustre.*

« J'établis donc qu'il faut, de deux choses l'une, ou que les amis du mensonge abolissent l'Impression, ou qu'un jour à venir l'Impression anéantisse l'erreur : car à peine cet art est-il découvert, et déjà l'on a des yeux pour voir et des têtes pour juger. Aucune puissance n'est capable de détruire la presse que Dieu a créée. L'Impression est l'organe véritable du Saint-Esprit : par elle, comme par le bienfait des langues, la vérité de l'Évangile retentit dans tout l'univers. Ce que Dieu révèle à un seul homme, se communique à tous; ce qu'une nation fait est le bien commun de toutes les nations.

« Les hommes de l'erreur ne pourraient rien imaginer de mieux, que de profiter, pour eux-mêmes, du bienfait de l'Impression. Qu'ils fassent leur décompte, et calculent ce que l'Impression leur a fait perdre depuis le peu de temps qu'elle est inventée. L'Impression devrait, par sa seule existence, les convaincre que l'intention du Seigneur est de détruire tout mensonge : car il n'y a pas de grande ville où il n'y ait une presse, et il n'est pas de presse au monde qui ne porte un coup mortel à l'erreur. Quand même la force et la cruauté réduiraient les langues au silence, les cœurs des hommes ne s'en instruiraient pas moins : car l'empire élevé sur l'ignorance et la foi crédule, serait un jour renversé par la lecture, la prédication, les sciences, la raison, c'est-à-dire par les fruits de l'Imprimerie, ce dont nous voyons déjà des preuves, et ce dont nous ferons plus tard (Dieu nous en fasse la grace!) une plus grande expérience.

« Nicolas Belvard a écrit qu'un exemplaire du *Nouveau-Testament* lui avait coûté *quatre marcs d'argent et quarante pence* (sols), avant que l'Imprimerie fût découverte ; aujourd'hui la même somme achèterait quarante exemplaires du même livre sacré. On ne pouvait donc étudier dans ce temps-là : les ignorans formaient la masse du peuple. Le témoignage d'*Armanachus* déclare que les universités étaient ensevelies dans l'ignorance, et que les moines et frères mendians entassaient tous les livres dans leurs couvens, non pour s'en servir, mais pour les dérober aux études de tout le monde. Alors, au milieu de ces ténèbres accumulées, le pouvoir du mensonge a grandi, et Dieu, touché enfin des malheurs du monde, a cru devoir lui donner, pour le relever de sa déchéance, l'invention de l'Imprimerie, laquelle a produit trois grands résultats,

« 1° que le prix des livres a diminué,

« 2° qu'on a beaucoup lu,

« 3° que les bons auteurs ont été souvent réimprimés :

« car *Aprutmus* a raison de dire que maintenant *on imprime en un jour plus qu'un scribe ne pourrait copier en un an.*

« Ainsi, l'Impression donnant matière à la lecture, la lecture amène la science, et la science la lumière. L'aveugle ignorance est ébranlée, et la vérité paraît et paraîtra davantage dans les siècles des siècles, le tout à cause d'une invention miraculeuse, inspirée par Dieu même.

« Ce qui précède est à la grande gloire et honneur de l'Imprimerie. »

6 L'Angleterre a vu des merveilles.

On peut croire que le révérend *Thomas Frognall*

Dibdin a toutes les connaissances nécessaires pour écrire l'histoire de la Typographie de son pays, sur laquelle, par une singularité particulière, il a attiré les regards des nations étrangères; on peut croire que, par la tournure de son esprit, il excite la curiosité sur les matières les plus arides, qu'il s'exerce habilement dans la critique, et qu'à cet égard, s'il n'est pas le *Phénix de la Bibliographie*, comme l'appelle M. Renouard, il en est du moins le *grotesqui singularis*. On peut croire que l'auteur du *Bibliographical Decameron*, des *Typographical Antiquities*, du Catalogue de la *Bibliotheca Spenceriana*, et d'autres ouvrages curieux; que le fondateur du *Club de Roxburghe* (1), est bien l'homme qui pourrait le

(1) « A la vente des livres du duc de Roxburghe, en 1812, les prix passèrent toutes les proportions connues : il semblait que les guinées ne fussent que des schellings. C'est là qu'un *Decamerone di Boccaccio* (*Valdarfer*, 1471) fut payé 2,260 livres sterling (plus de 54,000 francs) par le marquis de Blanford, maintenant duc de Malborough, pour en prendre, dit-on, cinq feuillets, manquant ou gâtés dans un plus bel exemplaire, qui, depuis près d'un siècle, était dans sa famille. En mémoire de ce fait si remarquable dans les fastes de la bibliomanie, des amateurs anglais ont formé une société, qu'ils ont nommée *Roxburghe Club*, dans laquelle ils s'entretiennent exclusivement de ce qui tient aux livres, tant intérieurs qu'extérieurs; enfin, de tout ce qui est du ressort de la bibliomanie.

« Chaque année, le 17 juin, ils célèbrent par un banquet l'anniversaire de la vente du Boccace.

mieux fixer les regards des praticiens studieux sur les monumens recommandables qui sont sortis des presses anglaises, et qu'on enfouit chaque jour dans les riches collections que ne peuvent aborder ni les ouvriers, ni les directeurs, ni même les propriétaires d'établissemens typographiques. Je doute pourtant qu'à toutes les lumières que ce savant possède, il pût joindre celles d'un praticien consommé; et, quand bien même il les posséderait, le révérend

« Un des principaux objets de leur association, est l'engagement que prend chacun des membres, dont le nombre ne peut excéder trente et un, de fournir annuellement, et à tour de rôle, quelque ancienne rareté, réimprimée au nombre fixe de trente et un exemplaires, pour les seuls membres du club. Déja plusieurs de ces réimpressions ont été ainsi distribuées, et, jusqu'en 1819, le choix n'avait pas été porté sur des ouvrages d'un mérite assez réel pour faire de ces éditions autre chose que des singularités bibliographiques; à cette époque, elles sortaient des presses de Bulmer, Bensley, Walpy, et de l'imprimerie particulière de M. Boswell, dans l'Ayrshire, en Écosse. » (RENOUARD, *Cat. de la Bibl. d'un Amat.* IV, 268.)

A l'instar des bibliophiles anglais, la France a aussi son Roxburghe, sous le titre de *Société des Bibliophiles français*; six volumes de leurs mémoires ont vu déjà le jour au nombre de trente exemplaires. On peut juger de l'importance de pareilles réunions pour le progrès des lumières, d'après la liste des ouvrages que contient leur dernier tome:

1º *Li jos Adan*, par Adam de le Hale, surnommé *le Bossu d'Arras*, trouvère du 13e siècle.

2º *Moralité de l'Enfant de perdition, qui pendit son père et tua sa mère, et comment il se désespéra;* imprimé à

Thomas Frognall Dibdin serait un homme à nous donner des théories à peu près semblables à celle émise par un imprimeur d'Édimbourg, il y a environ dix ans, pour l'uniformité parfaite de l'espacement dans la prose : quand la division n'arrivait pas

Lyon, chez P. Rigaud, en 1608, époque où l'auteur vivait; in-8º de 39 pages.

3º *Dialogue du Fol et du Sage*,

> Livre joyeux et délectable
> auquel par un parler notable
> un sage et un fol plaisant
> concluent en bref langage
> (ce que l'on voit le plus souvent)
> tel est fol qui pense être sage ;

in-8º gothique, imprimé à Paris (sans date), par Simon Calvarin, probablement vers la fin du 15ᵐᵉ siècle : car il y a une autre édition de cette gentillesse, imprimée in-16, à Lyon, en 1496, que l'on dit ne pas être en lettres gothiques.

4º *Farce récréative de Tout, Chascun et Rien.* — Je suis honteux de ne pouvoir donner aucun renseignement sur cet ouvrage, précieux sans doute....

5º *Notice sur quelques Ouvrages singuliers, composés sur des sujets analogues.* — Nouvelle honte....

6º *Procès de Caroline-Mathilde, reine de Danemarck.* — Cet ouvrage doit être sans doute intéressant, puisqu'un bibliophile l'a offert à ses collègues. Reste à savoir si la catastrophe de la jeune reine, de Struensée et de son ami Brandt, y reçoit plus de lumières : car ce point douteux de l'histoire est resté long-temps obscur.

7º *Lettres d'Etienne Baluze, de Saint-Hyacinte, de Piron* (1), *du marquis de Caraccioli, de Mme de Pompa-*

---

(1) Piron après un saint ! N'est-ce point du scandale ?....

juste à la fin de la ligne, il la finissait avec un quadratin ou un quadrat, de sorte que le côté final des lignes ressemblait à des vers. Une pareille innovation ne trouva point d'imitateurs.

Pour écrire l'histoire théorique et pratique d'un art tel que la Typographie, il faut, après s'être nourri d'un profond savoir, acquérir la perfection dans

dour, du comte de Ferriol, de Maupertuis, de Mme Deshoulières, de Racine le fils, de Voltaire (très-curieuses). — On sait ce que signifie cette annotation en bibliomanie.

8º *Lettres jésuitiques, relatives à Gresset.*

Le grand mérite de l'impression de ces rapsodies, c'est que des ouvriers y sont employés ; mieux vaut donc que des riches aient le caprice de réimprimer vingt fois, s'il leur plaît, le *Procès-verbal fait au père J. Testefort, dominicain, qui fut trouvé couché, rue du Cimetière-Saint-André, avec la R. M. Brevilliers, religieuse, le 4 novembre 1627* (ce qui est un point historique capital), ou *la Farce de Gaultier Garguille et de Perrine, sa femme (Vaugirard, chez* A, E, I, O, U); ouvrage *très-moral* du joyeux Pierre-Siméon Caron; mieux vaut donc, dis-je, que des riches aient ce caprice, que d'acheter pour la cinquième ou sixième fois la canne de Voltaire ou la perruque de Jean-Jacques, puisque, par ce dernier fait, on encourage l'effronterie à faire de nouvelles dupes. Une seule substance garde constamment la valeur et le caractère de tous les temps et de tous les lieux, talisman général, devant lequel chacun s'abaisse, pour paraître plus grand par sa possession :

> Un homme eût-il tous les défauts ensemble ;
> Fût-il tortu, vieux, difforme et brutal,
>   Dès qu'il est riche,
>   Il vous déniche,
> Et vous supplante aussitôt son rival.
>
>   (Piron, la Rose, sc. 15.)

toutes les parties de l'art, voir tout ce qu'il est possible de voir, afin de prononcer des jugemens non récusables, qui puissent avoir force de préceptes ou de lois. Je ne crois pas que, sous ce rapport, aucun ouvrage ait pu réunir autant de faits patens que ceux dont les titres suivent:

TYPOGRAPHIA; *or the* PRINTERS' INSTRUCTOR. *By John Johnson, printer. Dedicated, by permission, to the Roxburghe Club :* 1822.

Cet ouvrage a été édité en trois formats, tous en deux volumes: le premier, in-18, avec encadrement d'un double filet maigre; le deuxième, in-12, avec une vignette en dehors du filet; le troisième, in-8°, avec une petite vignette intercallaire entre là précédente et le filet. L'amateur gagne l'avantage des marges dans les deux derniers formats. L'encadrement, il n'en faut point parler: pour les objets de décors, aucune nation ne peut rivaliser avec la France.

Les fruits de recherches savantes sur l'histoire, la théorie et la pratique, de l'art typographique, se trouvent dans ces deux volumes, qui ont le vice fatigant de la localité, celui d'être trop compactes; mais, du reste, combien de notes intéressantes sur l'importation de l'art en Angleterre, sur les célébrités successives de ce pays, sur l'amélioration dans l'établissement des livres, et sur les produits de la presse. Les gravures en bois y sont nombreuses, d'une délicatesse et d'un goût exquis; la facture gothique des deux frontispices, de même que les insignes des membres du Club de Roxburghe, sont du meilleur style. Le premier volume est consacré à la partie historique, dans laquelle figurent les portraits des imprimeurs célèbres avec la marque de leurs éditions.

Le second volume est une encyclopédie pratique, ou *Grammaire complète de l'imprimerie en lettres :* toutes les impositions s'y trouvent figurées, de même que des tables pour les signatures et les folio de tous les formats, ainsi que pour la capacité des caractères; les ligatures grecques, les casses diverses, la série des caractères romains et orientaux, les hiéroglyphes égyptiens et chinois, toutes les presses avec leurs devis; des instructions suivies sur le travail, sur l'emploi des matières et des machines, avec des observations sur la manœuvre des ateliers. Tout cela est accompagné de la représentation des objets en tableaux et en gravure; quelques-uns accompagnent parfois la division technique, pour dérider l'attention avec esprit.

Enfin, cet ouvrage est un vaste musée typographique, où tout amateur de l'art trouve une mine immense du plus haut intérêt. On peut lui faire le reproche d'être imprimé avec des caractères trop usés.

Son prix de souscription n'était pas très-élevé : l'in-8° coûtait trois guinées, l'in-12 deux guinées, et l'in-18 une guinée.

Practical hints of Decorative Printing, with illustrations engraved on wood, and printed in colours at the type press. By *William* Savage. London, 1822. Grand in-4°.

Cet ouvrage, vraiment national pour la partie que l'auteur y a traitée, est l'un des beaux monumens de la typographie anglaise; il doit être étudié par tous les imprimeurs qui veulent s'occuper de l'impression en couleur; il est bien en harmonie dans ses diverses parties; le genre anglais y est suivi constamment; les caractères sont beaux, bien fondus; la couleur de l'impression est assez suivie, et le papier est d'une belle pâte.

Les mêmes fleurons sont répétés à la fin de quelques chapitres : cela prouve de la pénurie.

A la fin des pages 17, 33, 47 et 59, il y a des filets contournés qui sont d'un bien mauvais goût : il aurait mieux valu ne rien mettre.

Les vignettes en tête des chapitres ne sont pas d'un bel effet; la manière au lavis qu'on leur a donnée, les rend fades; il aurait fallu ne pas les reproduire plusieurs fois non plus. Les deux fleurons à la lettre initiale W, qui terminent l'adresse et la page 118, sont très-jolis.

Mais c'est surtout pour la gravure en bois que cet ouvrage excite de l'intérêt; on y voit les machines-presses de William Rutt et de M. John Ruthven. Les deux gravures de Renaud et d'Armide, et du Vieillard enchaîné, sont charmantes par la précision et la vigueur des tranches, de même que par l'effet du dessin.

Ce volume contient une suite graduée de teintes pour l'impression en couleur à la presse typographique, et des épreuves à sujets plus ou moins chargés; des paysages, des marines; une lettre B en or sur un fond vert, d'un beau relief; un vase antique, deux œillets, un papillon sur une tige, un perroquet: tout cela, gravé sur bois, présente la plus grande vérité pour la forme comme pour les nuances.

J'ai remarqué que les sujets compliqués n'ont pas fort bien réussi : le guerrier à cheval, et le tigre qui s'élance sur un renard, sont dans ce cas.

Dans son ensemble, cet ouvrage est un beau livre.

Le prix de souscription, pour le papier ordinaire, était de 5 livres sterling 10 schellings et 6 pences.

Le grand papier se payait 11 liv. st. et 11 schell.

Le frontispice de ce dernier est imprimé en or: l'effet en est riche et original.

Cette belle production est sortie des presses de M. John Johnson, auteur du *Printer's Instructor*. Ce typographe savant est l'un des plus habiles opérateurs que l'art ait jamais possédé. Il a fait plusieurs tableaux qui attestent une rare dextérité, et une habileté de manutention qui ne peut être que le fruit d'un long travail bien raisonné.

On doit de grandes éloges à M. Savage pour un pareil livre; mais on lui en donnerait davantage encore, s'il eût fourni la recette pour composer les encres de diverses couleurs, en spécifiant la dose de chaque ingrédient: alors son ouvrage eût rempli un but complet.

L'ouvrage qui suit n'est pas moins intéressant que les deux autres: c'est la

TYPOGRAPHIA: AN HISTORICAL SKETCH OF THE ORIGINE AND PROGRESS OF THE ART OF PRINTING; WITH PRACTICAL DIRECTIONS FOR CONDUCTING EVERY DEPARTEMENT IN AN OFFICE; WITH A DESCRIPTION OF STEREOTYPE AND LITHOGRAPHY. ILLUSTRATED BY ENGRAVINGS, BIOGRAPHICAL NOTICES, AND PORTRAITS. BY T. C. HANSARD. Printed for *Baldwin, Cradock,* and *Joly.* London, 1825. Grand in-8'. Prix: 3 liv. sterl. 3 sch.

Préface de 16 pages, suivie d'une table des chapitres, fesant 8 pages.

Texte, 939 pages, dont 331 pour l'Introduction historique, et 25 pour l'index.

Ce livre, qui paraît être le fruit de recherches d'un homme instruit, est établi avec un grand luxe de figures; on y trouve les portraits des typographes suivans: Baskerville, Bowyer I, Bowyer II, Nichols, Caslon I, Caslon III, Wilson (de Glascow), Bulmer, Ritchie. On y voit aussi représentées, dans leur ensemble, et divisément, les presses de Stanhope, de Ruthven, de Cogger, de Straffard, de Clymer, de même que les machines de Rutt, de Bensley, de Nay-Peer. Le portrait de l'auteur est en tête de l'ouvrage.

Sa facture est bien : c'est encore un livre d'amateur; mais je crois avoir entendu répéter à son égard le reproche que fait le savant auteur des Annales des Alde au révérend Thomas Frognall Dibdin, que *le ramage* ne répond pas *au plumage :* trop souvent il en est ainsi pour des ouvrages établis à grands frais.

Pour mentionner ici les riches éditions que les presses anglaises ont produites depuis quelques années, il faudrait une longue énumération. Dans la typographie, le Génie de l'Invention a exploré toutes les ressources de l'art; l'égoïsme y a bien fait sa part aussi : plus d'une belle œuvre n'a vu le jour que pour des avares. Oublions ce travers de la Fortune aveugle, et disons, pour nous dédommager, que la pensée humaine a acquis un tel développement, qu'il est impossible de la faire rétrograder dans la recherche de la vérité.

Le publicisme est mieux connu en Angleterre qu'en France, parce que, dans ce pays-là, toutes les classes sont pénétrées d'un sentiment d'unité qui se rattache au sol, et ce sentiment laisse peu d'opérations en arrière. Le Gouvernement comprend bien que la fortune de l'État est dans l'industrie : aussi, cette industrie a l'univers pour but.

Les produits de la presse française ne peuvent être comparés à ceux de la presse anglaise, pour l'économie dans l'établissement : on a peine à concevoir quelle est la masse de livres que cette dernière fournit journellement au peuple à des prix si minimes, que toutes les classes peuvent s'en procurer sans porter atteinte à l'aliment de leurs familles.

Il y a en Angleterre un esprit profondément national ; le travailleur y est vénéré comme étant membre d'une famille prospère. En France, il y a une épithète insultante pour l'ouvrier, celle d'*homme du peuple*.

Cependant, quand l'homme du peuple éclairé remonte aujourd'hui à l'origine du mépris que l'aristocratie a toujours affecté pour l'artisan dans ce pays, il la trouve dans l'abus de la force qu'exerçaient au moyen âge les ancêtres des classes privilégiées, qui faisaient eux-mêmes les métiers de voleurs et d'assassins sur les grandes routes : dans ce moyen âge, dont on nous vante depuis quelques années, avec *grande sensiblerie*, la perfectibilité morale, de preux et vaillans chevaliers agissaient ainsi ; quelquefois, par préliminaires religieux, ils s'agenouillaient devant les bonnes vierges des carrefours, pour les prier de leur livrer quelques voyageurs bien huppés, afin de les détrousser, et de les occire au besoin.

Un travailleur est toujours un homme respectable ; il aplanit le chemin de la vie pour les générations à venir : à ce titre on lui doit des égards.

Le sentiment national produit de grandes choses en Angleterre : c'est lui qui conduit à terme des créations qu'ailleurs on taxerait de folies. En France, on méprisa la belle découverte de Fulton : la puissance de la vapeur ne put fixer les regards du génie puissant qui la régissait alors, et Fulton porta son étonnant véhicule chez le peuple vierge où il avait reçu le jour ; mais bientôt la cupidité s'en empara : elle le fit mourir de désespoir, en lui ravissant le prix de ses constans efforts. L'Angleterre a largement profité de son héritage : ce n'est qu'avec la plus grande mesquinerie que la France paraît vouloir la suivre, parce qu'elle est toujours sous l'autorité spéculative de l'arbitraire du pouvoir, qui ne veut jamais marcher franchement avec la masse industrielle.

En France, les souscriptions sont usées parce que trop souvent on en a exploré le champ avec mauvaise foi ; en Angleterre, elles se soutiennent par intimité d'esprit national, et par réciprocité d'intérêts non déçus d'éditeurs à acheteurs. La voie large ouverte à la pensée, laisse rarement des doutes sur le succès d'une opération dans ce pays-là : les livres de Johnson, de Bulmer, de Valpy et d'autres hommes à talens, trouvent toujours leurs places dans les bibliothèques, parce que l'on sait que leurs éditeurs sont experts dans la profession qu'ils exercent.

Dans Paris, métropole qui centralise tout, et force la province à rester stationnaire, on voit des propriétaires d'imprimeries qui ne possèdent aucune des connaissances de l'art qu'ils sont appelés à exercer ; on voit des protes qui n'ont fait aucune étude, pas même dans la langue maternelle, et dont le mérite est d'avoir quelque peu de pratique ; des hommes qui, jetés par revers dans une profession qui les a séduits, s'imaginent être typographes au bout de quelques semaines, parce qu'ils savent du grec et du latin.

Depuis long-temps, dans cette ville, les correcteurs sont peu estimés : on exige d'eux la lecture de huit, dix, et jusqu'à douze épreuves par jour, et même la note de leur occupation pendant la journée,

Dans ce pays-là, on trouve des libraires qui ne savent point lire. En 1824, l'un de ceux du Palais-Royal prenait des leçons pour réparer cette ignorance, et celui-là avait bien des confrères alors. Il n'était pas rare de voir de tels êtres unir l'impudence à la stupidité, et se permettre de prononcer sur le mérite d'une œuvre littéraire. «Faites-moi un Manuel du Boulanger, disait un jour certain libraire à un jeune homme qui n'avait aucune notion sur cet état : d'abord vous prendrez dans l'Encyclopédie, ensuite vous tirerez quelques inductions de côté et d'autre, même du boulanger qui vous fournit du pain; vous ajouterez à tout cela le dessin et la description de quelques machines, et le livre sera fait.» Ceci est à la lettre.

En Angleterre, les connaissances sont profondes: il faut faire preuve de talens pour être admis dans un atelier; aussi, l'apprentissage est-il de sept ans, avant que de pouvoir exercer comme praticien dans une imprimerie.

Je dis qu'en bien des choses l'Angleterre a produit des merveilles, parce que son peuple sait faire l'application de principes raisonnés dans tous les genres d'industrie. De quel secours la gravure en bois n'est-elle pas maintenant pour l'établissement des livres? de combien sa perfection n'a-t-elle pas diminué les frais, et facilité l'instruction élémentaire!

Tous les jours on voit dans ce pays-là de nouvelles inventions profitables à l'humanité, par la raison que l'on se livre avant tout à la connaissance des élémens de la profession que l'on veut embrasser.

Avant que la France eût fait usage des belles machines anglaises pour le tirage, les ateliers des grandes villes des trois royaumes étaient déja fournis de celles de Stanhope et de Clymer (1), dont on reconnaissait l'avantage. Il ne serait pas difficile de trouver encore en France des presses à sabot et à nerfs.

Après tout cela, on voit assez souvent en Angleterre le baroque et le gigantesque: le Shakspeare compacte a donné lieu à bien des folies; il a été le prototype des *Éditions Diamant* et *Microscopiques*. Mais qui a obtenu l'avantage dans ces nouveautés? Faut-il le dire? Dans les premières, on voit les élémens d'un savoir profond : les autres ne sont qu'une imitation légère, aventureuse et irréfléchie.

La vanité nationale porte quelquefois l'Angleterre à se singulariser : en voyant les classiques Diamant, je prévis bien qu'un jour, dans ce pays-là, on se jet-

(1) *Témoignages authentiques d'Europe, d'Asie et d'Amérique, en faveur de la Presse colombiane inventée par Georges* Clymer, *de Philadelphie*. Londres, de l'imprimerie de Moyes, 1822, in-8°.

Lettres testimoniales et autres pièces probantes à l'appui de la supériorité, l'utilité et la durée de la presse à imprimer, appelée Columbian-Press, *etc*. Londres, Moyes, 1822, in-8°.

terait dans le contraire; c'est ce qui vient d'arriver : en février 1832, plusieurs journaux ont fait l'annonce suivante :

« LIVRE D'UNE DIMENSION GIGANTESQUE. Le livre de la plus grande dimension qui ait été mis sous presse, paraîtra en 1832 à Londres. Il aura pour titre *Panthéon des Héros anglais*. Chaque page aura quatre toises de hauteur et deux de largeur, et les lettres auront la dimension d'un demi-pied. Il a fallu confectionner une mécanique exprès pour la fabrication du papier. L'impression de cette œuvre gigantesque se fait au moyen d'une machine à vapeur; et, au lieu d'encre noire, on emploie un vernis d'or. Il n'en sera tiré que cent exemplaires, qui sont destinés à servir d'ornement aux principales bibliothèques d'Angleterre. »

Il résulte d'entreprises pareilles que les capitaux sortent des mains des riches, qui alimentent ainsi les classes industrielles, toujours prêtes à reproduire l'essor de la pensée pour satisfaire des besoins incessans.

La quantité de beaux livres que l'Angleterre possède peut donc porter à dire que ce pays offre des merveilles : les spécimens de Caxton et de Figgin, le Hume compacte in-8°, le beau Dictionnaire de Johnson, le Décaméron du révérend Thomas Frognall Dibdin; le Catalogue de la Bibliothèque de lord Spencer, rédigé par le même; le Couronnement du roi Georges IV, sur peaux de vélin, avec peintures, imprimé en or par Wittaker; les livres cités au commencement de cette note, et tant d'autres de la plus belle exécution, avec grand nombre de charmantes gravures en bois, telles que dans le *Guide pour la pêche*, de *T. F. Salter*, imprimé en 1825 à Londres, par Shervood et Comp., en fournissent la preuve.

> 7 Et dans l'Inde, la presse encore
> Du fanatisme qu'elle abhorre
> Sape les antiques abus.

Voyez les *Notes supplémentaires*.

> 8 De Franklin encenser l'image
> Aux accens de la Liberté!

Voilà une célébrité complète que déjà l'on pourrait croire à quelques siècles de notre époque, tant elle a eu d'imitateurs par l'éclat de son apogée, semblable à cet arbre immense de l'Afrique, le *baobab*, dont les innombrables ramifications, prenant racine en se courbant jusqu'à terre, forment une forêt autour du tronc qui leur a donné la vie, et le dérobent à la vue.

Ce n'est point sous le rapport de la typographie que je signale ici Franklin, mais comme bienfaiteur de l'humanité. Si un tel philosophe eût apparu dans les temps anciens, son nom nous serait parvenu avec ceux de Lycurgue, de Socrate et de Platon. De nos jours, la succession rapide des événemens dont Franklin a développé le germe, fixe son nom dans le repos de l'histoire, mais en caractères si grands, que quiconque les observe attentivement sent naître en soi le besoin de l'élévation par tout ce qui constitue la noblesse de l'âme.

Un penseur profond (1) a dit, « Quoiqu'il ne soit question de la logique que dans les écoles, c'est elle qui fait tout dans le monde : Franklin fut l'Aristote de l'Amérique, » c'est-à-dire que l'Amérique fut assez sage pour suivre les leçons de Franklin, et lui commettre ses intérêts, tandis que l'Angleterre, par un arbitraire imprudent, perdit un pays dont la possession, cimentée par la douceur des lois, lui aurait procuré les plus brillans résultats dans l'exploitation des terres, le commerce et la navigation.

A cette époque, la France, poussée par le motif d'affaiblir sa rivale, s'engagea dans une guerre qui ne lui coûta pas moins de sept cent millions; elle reçut en retour le germe de cette liberté féconde dont l'arbre a grandi si fièrement sur son sol depuis 1789, et dont les gouvernans ne pressentaient pas la vigueur.

(1) M. Garat, ancien professeur de philosophie à l'École normale : « Son imagination brillante a rendu la raison lumineuse, » a dit Chénier.

Ainsi, l'Angleterre et la France ignoraient que la logique est la première puissance de la terre; et le sage qui prouvait la vérité d'un tel axiome par des principes déduits de la nature réelle des choses, et par des faits non récusables, avait été *un garçon imprimeur*, rien autre qu'*un garçon imprimeur*, qui, sans se croire au-dessous de qui que ce fût dans l'exercice de cette profession, cherchait toujours à perfectionner son individualité pour obtenir un certain relief de la considération publique et générale.

La cause de Franklin est jugée aujourd'hui : prolétaire parvenu aux plus hautes dignités par son mérite personnel, et libérateur de sa patrie, tels sont ses titres à la postérité.

Chez les hommes dont l'hypocrisie compose le *facies*, un si grand personnage n'est point compris en apparence; mais ils tremblent à l'avancement de ses modèles (1).

(1) « Le *prolétaire*, délivré du patronage onéreux du baron féodal, et condamné à *servir* de nouveaux *seigneurs* sous le titre de *bourgeois*, sent augmenter ses espérances d'émancipation complète, en songeant que le préjugé de la naissance n'établit plus un abîme infranchissable entre lui et ses chefs, dont il est du moins l'égal d'origine, quelle que soit d'ailleurs la différence des positions et des fortunes. » (*Rev. encyclop.*, t. LII, p. 567.)

La première fois que, selon l'édit de Louis XVI, qui interdisait tous les grades militaires aux fils de roturiers, Bossut, mathématicien, et Chérin, généalogiste, firent les

Pour bien connaître la sommité morale à laquelle Franklin s'est élevé, il faut s'identifier avec lui par la lecture de ses Mémoires, où règne continuellement un air de vérité; il faut juger de sa grandeur par le point d'où il est parti, en roulant la brouette dans les rues de Philapelphie, donnant ensuite à l'Angleterre des conseils que l'orgueil accueillit avec le rire de l'ineptie, et couronnant en France l'œuvre de la philosophie par la vénération qui s'attache à ses pas.

L'excellente notice que M. Biot a insérée dans la Biographie universelle, fait connaître Franklin sous tous les points de vue; l'analyse de ses travaux y est complète, de même que l'appréciation des actes de sa vie, et l'influence qu'ils ont eue pour l'époque qui lui a succédé.

9 Navarin finit vos alarmes.

Cette citation indique l'époque à laquelle on a écrit les vers de cet ouvrage, puisque la bataille de Navarin eu lieu le 19 octobre 1827.

examens, il arriva une chose assez remarquable : sur cent élèves, il n'y en eut que quatre qui possédaient réunis les connaissances et les quatre quartiers de noblesse exigés. Bossut ne donna d'attestations de savoir qu'à des roturiers.

1º La terre est lasse de tourmens,

Et surtout l'Italie, qui nous a donné deux fois des élémens de civilisation, et qui comptait sur l'appui de la France dans ces temps derniers, et qui a été abandonnée!.... et qui gémit encore!.... et qui....!!!

« L'Italie est unanime pour abhorrer un joug infâme : elle a fait pour le briser tout ce qu'on pouvait attendre d'elle..... L'Italie est écrasée ; mais elle est encore palpitante d'amour pour la liberté, la vertu et la gloire. Elle est enchaînée et ensanglantée ; mais elle connaît encore ses forces et ses destinées futures. Elle est insultée par ceux à qui elle a ouvert la carrière de tous les progrès ; mais elle sent qu'elle est faite pour les devancer de nouveau. Et l'Europe n'aura de repos que quand la nation qui a allumé, au moyen âge, le flambeau de la civilisation avec celui de la liberté, pourra jouir elle-même de la lumière qu'elle a créée. » (DE SISMONDI, *Histoire de la Renaissance de la Liberté en Italie.*)

En rendant compte de l'ouvrage dont cette citation est tirée, l'auteur de l'article inséré dans le Journal des Débats du 26 mai 1832, se résume ainsi :

« De tous ces pays qui ont de si beaux souvenirs de puissance et de gloire, l'État pontifical est certainement le plus à plaindre : car il s'appelle encore l'*État romain;* et, par quelque côté qu'on y arrive, même dans cette Italie dégénérée et souffrante, il afflige par le spectacle soudain de l'anarchie et de la misère. Eh bien, cette crise, espérons-le, ne saurait avoir qu'un heureux terme : car nous ne sommes plus au 12me siècle, et je ne crois pas qu'un empereur d'Autriche eût aujourd'hui la volonté, ni surtout le pouvoir, de renouveler ces sacrifices humains offerts jadis au représentant de Dieu sur la terre, lorsque le prince Frédéric livrait, en 1155, au pape Adrien IV, un homme éloquent et courageux, accusé d'*hérésie politique*, Arnaud de Brescia, pour lui donner le plaisir de le voir brûler vif devant la porte du château Saint-Ange, et de faire jeter ses cendres dans le Tibre.

« On peut aujourd'hui fonder des espérances pour la liberté des peuples de l'Italie, moins sur les vœux que nous formons, nous autres peuples libres, que sur cette voix unanime qui de toutes parts s'élève, dans ce beau pays, des rives du Tésin au cap Passaro, pour demander quelque liberté.

« Autrefois c'était la pensée ardente et fantastique de quelques esprits supérieurs, le rêve des sages, la prophétie des poètes. Aujourd'hui cette pensée de quelques hommes est devenue la pensée de tous, non point séditieuse et rebelle, mais simple, familière, identifiée, pour ainsi dire, avec la vie. Jamais le beau vers d'Alfiéri n'a mieux convenu à ce peuple esclave, mais esclave frémissant :

Servi siam si, ma servi ognor frementi.
(Nous sommes des esclaves, oui; mais des esclaves toujours frémissant de colère.)

« Jamais il n'a été mieux prouvé combien il serait également cruel et difficile de défendre à un tel peuple tout espoir d'indépendance, et de ne lui laisser que ses souvenirs. Oseriez-vous encore le condamner à vivre toujours dans le passé, le confondre avec les ruines, et ne lui permettre que la gloire des tombeaux ?

« Parcourez la route suivie par l'armée des Romagnols : à Pérouse, à Spolète, autour de la sainte montagne d'Assise, même à quelques lieues de Rome, vous verrez les enfans promener dans les campagnes l'étendard bolonais, en s'écriant *Ecco la bandiera* (Voilà la bannière)! Visitez la patrie de Théocrite et de Meli, vous entendrez les poètes siciliens, au pied du mont Etna, vous réciter des odes sur les trois journées de juillet, *I trè giorni di luglio in Parigi!* Injustes peut-être pour un gouvernement qui semble les conduire vers de meilleures destinées, ils se demandent pourquoi leur Sicile, à moitié inculte, n'a pas même autant d'habitans qu'une seule de ses villes antiques, Syracuse; et, préoccupés de l'idée de cette unité italienne, impossible aujourd'hui, ils s'écrient avec enthousiasme et avec douleur,

> *Ah! sol vegg' io dimessa*
> *Italia mia, la dolce Italia oppressa!...*
> *Italia omai risvegliati*
> *Dormisti troppo ai tuoi tiranni in braccio!*

> (Ah! mon Italie, je te vois seule abattue!
> Je vois la douce Italie oppressée!....
> Italie! maintenant réveille-toi
> Tu dormis trop long-temps entre les bras de tes tyrans.)

« Comment répondre à ce cri des peuples? Est-ce par des commissions judiciaires, des exécutions, des massacres? Non, le temps ne doit plus revenir où un cardinal légat, environné de bourreaux étrangers, s'en allait répétant dans les rues de Césène, le 1ᵉʳ février 1377, *Tuez-les tous! Je veux du sang, du sang!* Il y a maintenant d'autres manières de répondre aux prières des nations.

« Que les rois, que les pontifes eux-mêmes aillent au-devant de ces vœux; qu'ils élèvent eux-mêmes cette bannière libératrice dont le seul crime est d'avoir devancé un avenir inévitable; qu'ils se persuadent enfin que l'ilotisme d'un peuple, sous le joug sacerdotal, n'est point nécessaire à une religion qui est venue abolir l'esclavage sur la terre. Rome chrétienne n'est point condamnée à n'avoir jamais que des apôtres et des disciples, un clergé et des fidèles : elle peut aussi avoir des citoyens. »

Depuis long-temps l'Italie est comprimée par des soldats étrangers; c'est à cette position cruelle que Pétrarque fait allusion dans l'une de ses odes, et dont j'ai cherché à rendre quelques idées par l'imitation libre de plusieurs stances :

> Salut ! salut ! ô ma chère Italie !
> Les blessures de ton beau corps
> Font exhaler de ma lyre affaiblie
> En soupirs gémissans mes sinistres accords.
> Italie ! Italie ! Ah ! reçois mon hommage !
> Le Tibre, l'Arno même, et l'Eridan fougueux
> Dont mes pas foulent le rivage,
> Sans doute accueilleront mes accens douloureux.
>
> Dieu bienfesant ! quelle guerre cruelle
> Nous jette en un pressant danger !
> Ah ! prends pitié de nous ! Sur l'austère étranger
> Répands, pour le fléchir, ta bonté paternelle !
> Fais que la vérité s'entende par ma voix !
>
> Répondez, souverains de cette vieille terre
> Dont vous foulez aux pieds les lois ?
> Pourquoi vous appuyer sur la force étrangère ?
> Elle seule est l'auxiliaire
> Qui vous permet d'homicides exploits.
>
> L'erreur encor vous environne :
> Par la rigueur vous croyez affermir
> Ce hochet qu'on nomme couronne.
> Tremblez ! de votre fin il faut que l'heure sonne !
> Tremblez ! Bientôt vous aurez à gémir
> Sur le mépris des conseils qu'on vous donne,
> Et que l'orgueil vous empêche d'ouïr.
>
> Les soutiens de la tyrannie
> En vain marchent de tous côtés :
> La Liberté doit rendre à l'antique Ausonie
> Sa première valeur et ses prospérités.
> C'est de nous seuls enfin que nous devons attendre,
> Tel qu'un feu caché sous la cendre,
> La fin, l'heureuse fin de nos calamités.

Si l'on se souvient aujourd'hui de l'ambition des papes, visant, depuis Grégoire VII, à dominer toutes les consciences, on trouvera qu'ils sont bien déchus. En 1831, le prélat régnant ne crut pas trouver de plus fidèles appuis contre la population qui demandait de nouvelles lois, qu'en implorant le secours de la classe la plus abjecte, reléguée au-delà du Tibre, dans un quartier où nul étranger n'ose aborder, dans la crainte d'y être insulté ou maltraité. Je veux parler des *Trasteverins*, cette partie du peuple signalée par sa dépravation et sa férocité. Ces hommes se disent descendans des anciens Romains, et à ce titre ils portent le nom d'*Eminenti*, « classe nombreuse de fainéans et de vauriens (dit un voyageur allemand), qui presque tous ont appris un métier, mais qui trouvent plus commode de battre le pavé. »

Les *Eminenti* se divisent en deux classes : dans la première, les hommes portent l'habit à la française ; ils sont vigoureux, bien bâtis, et tous ont les traits romains. L'oisiveté dans laquelle ils vivent leur donne pourtant un air hébété. Leurs femmes portent chapeau et voile, et sous ce costume, ne craignent pas de vider deux *fogliette* de vin, pour se donner du ton. Souvent elles sont accompagnées de plusieurs cicisbées, dont le mari n'ignore pas les fonctions.

Les *Eminenti* de la seconde classe s'habillent à la romaine, veste, pantalon d'été, chapeau ciré ; les femmes revêtent un corset très-court, chargé de rubans de couleurs variées; leurs superbes cheveux sont toujours ornés d'un peigne riche et très-haut.

C'est parmi les *Eminenti* que se commet le plus grand nombre de meurtres.

Ce peuple fort paresseux est prêt à tout faire quand on le paie : aussi, en 1831, le pape leur fit distribuer de l'argent, et eux de lui donner leur assistance, qu'il venait mendier. Sur la place St.-Pierre, le chef de l'Eglise catholique bénit leur *bandiera*, après quoi ils eurent le droit de faire des patrouilles dans toute la ville, armés de couteaux et de stilets, fiers de la protection de celui qui se dit le *vicaire de Jésus-Christ*. Ainsi, les êtres les plus dépravés, des hommes qui trafiquent à la fois de leurs femmes et de leurs enfans, qui assassinent pour de l'argent, étaient les suppôts du pouvoir papal, en attendant que l'écume (*) d'une terre qui se dit libre vînt les remplacer, les *régimens suisses capitulés*.

(*) Cette épithète est suffisamment justifiée par l'expression que l'on entend répéter chaque jour, même dans la Suisse, contre certains individus de mœurs plus qu'irrégulières : *Il a servi dans les Rouges*. Cela dit tout.

NOTES SUPPLÉMENTAIRES.

Dans cet ouvrage, j'aurais pu étendre de beaucoup les notes qui sont à la suite de chaque époque; mais le texte qui les motive n'aurait alors semblé qu'un accessoire, et ces mêmes notes, augmentées de ce qui va suivre, auraient sans doute affaibli l'intérêt déja trop minime des vers : car, de nos jours, l'attention se porte sur la poésie ainsi que l'œil sur le ver-luisant des prés, que l'on voit briller sans y attacher la vue, et que, si la main le saisit, l'on rejette à terre quand la lumière lui a fait perdre son éclat. Telle est sans doute la destinée de cet opuscule, entrepris fortuitement dans un pays riche de sa nature gracieuse et pittoresque, qui parle sans cesse à l'ame, mais dans lequel les arts ont encore des souhaits à remplir pour ne pas se montrer quelquefois en désaccord avec le goût.

Comme dans beaucoup de parties de la France, on ne fait point d'études à Genève pour la typographie; la pratique de cet art y est envisagée comme la ressource des manouvriers, des gens à faibles capacités intellectuelles : et de là des sujets en raison d'une telle appréciation. En 1826, les épreuves des ouvrages étaient envoyées encore en premières typographiques aux auteurs, de sorte que les marges mêmes des in-4° n'étaient pas souvent assez grandes pour marquer les fautes. Une teinte de germanisme se voyait dans la disposition des textes, dont l'incorrection était patente, parce qu'à l'ignorance des ouvriers se joignait trop souvent celle des chefs d'ateliers.

Le propriétaire d'une imprimerie doit avoir toujours à la pensée l'axiome de M. Fr.-Amb. Didot, que *le typographe doit faire la nuance entre l'homme de lettres et l'artiste :* celui donc qui s'en pénétrera, aura la préférence pour les travaux. Je le répète, l'exactitude des textes donne seule du prix aux impressions ; après cela, on doit chercher à briller par le goût.

Voilà ce qui m'a porté à écrire quelques stances, que, comme tant d'autres, je fis passer au Concours de l'Académie française pour 1829, et dont le sujet était *la Découverte de l'Imprimerie.* Je suis bien sûr qu'ainsi que moi, plus d'un typographe se montra dans la lice, où nous ne nous attendions pas à être vaincus par un adversaire qui a plutôt parlé de l'influence de cet art que de l'histoire de sa découverte, qu'il a resserrée en sept ou huit vers. Selon le rapport, ce lauréat a fixé principalement l'attention sur les regrets de l'amour filial, qui avait à déplorer la perte d'un père, lequel fut l'un des quarante de cette Académie française, occupée depuis si long-tems au Dictionnaire de la langue nationale, et dont sans doute on verra l'édition paraître quand le langage de notre époque ne pourra plus être entendu par les générations à venir.

Dans la partie supplémentaire de notes qui va suivre, je donnerai de l'extension à plusieurs sujets que je n'ai fait qu'effleurer, et sur lesquels j'avais des matériaux écrits depuis long-temps. Je suivrai l'ordre des stances, en commençant par donner plus de développement à la fable de Harlem.

Première Époque.

1, pages 24 et 25. Lors de la renaissance des lettres, plusieurs Grecs fugitifs se firent imprimeurs; de ce nombre fut Jean Gregoropulo de Crète, employé chez Alde l'ancien en qualité de correcteur et de compositeur : il était de cette belle association des savans et imprimeurs de Venise, qui éditèrent tant de chefs-d'œuvre à cette époque, et qui rendirent la science abordable à toutes les classes.

Dans les Médicis on voyait alors les propagateurs de tous les genres de beautés; ils étaient les Mécènes de tous les talens, les consolateurs de toutes les infortunes, les restaurateurs de tous les débris. Louis XII, sous le règne duquel on vit s'établir les Etiennes et les Badius, proclamait la liberté de l'esprit et l'indépendance de la pensée, pour améliorer le sort du peuple, et même il permettait à la joyeuse bande des Enfans-Sans-souci de le jouer sur un théâtre, pendant que lui-même faisait représenter le pape Jules II avec son ambition profane cachée sous un voile pieux.

François Ier, qui entoura le trône de tous les genres de luxe, et dont le règne, comme dit Brantôme, fut *une magnifique et superbe bombance*, troublée toutefois par les cris des victimes que l'on brûlait comme hérétiques, et dont le savant imprimeur Etienne Dolet fit partie; François Ier, avec les défauts de son siècle, accueillait tous les artistes, et donnait un grand développement à la typographie, à laquelle beaucoup de savans prêtaient leurs secours.

De tant d'hommes éclairés qui vécurent dans ces temps, aucun n'a dit un mot des titres de Harlem à la découverte de l'imprimerie; Erasme surtout, qui était né à Rotterdam; qui, dans son intimité avec Thierry Martins d'Alost, premier imprimeur de la Belgique, avait eu tant d'occasions de s'entretenir sur cette importante découverte; Erasme, dont le séjour à Venise chez Alde Manuce fut assez long pour surveiller l'impression de ses *Adages*, n'aurait certainement pas oublié de parler d'un fait glorieux pour sa patrie. Loin de cela, ce savant, né à quelques lieues d'Harlem, ne fait mention que de Jean Faust comme inventeur de l'imprimerie, dans la préface du Tite-Live qu'il a donné (Mayence, 1519). Et comment un homme tel que celui-là, qui a dirigé des éditions de beaucoup d'auteurs grecs et latins, n'aurait-il pas, sur la tradition récente de l'établissement de Coster, ruiné par un vol, fait ressortir la prééminence de cet imprimeur sur celui de Mayence, pour relever d'autant l'invention si miraculeuse de l'imprimerie, dont chacun était émerveillé. Jules-César Scaliger, homme acerbe et orgueilleux, antagoniste d'Erasme, n'aurait pas manqué de relever l'erreur de son adversaire, si celui-ci s'était trompé dans le titre qu'il donnait à la ville de Mayence comme berceau de l'imprimerie, en ne parlant pas de Harlem.

Juste-Lipse, professeur d'histoire à Leyde, ne fait aucune mention de cet événement dans ses ouvrages, et bien certainement que, si la chose eût été vraie, lui, contemporain, en aurait parlé quelque part.

Joseph-Juste Scaliger, fils de Jules-César, et qui succéda à Juste-Lipse dans la chaire d'histoire à Leyde, ne dit pas un mot de tout cela.

Les docteurs de Louvain gardent le même silence à cet égard.

La *Chronique de Cologne* dit, d'après Ulric Zell, qu'avant 1450 on avait imprimé des *Donats* en Hollande, dont l'impression ne ressemblait en rien à celle de Mayence; que celle-ci était bien supérieure, enfin que c'étaient deux inventions différentes.

Venons maintenant à l'historique de la fable :

Un savant médecin, qui devint recteur des écoles de la ville d'Harlem, Adrien Junius, né à Ham, petite ville de la Hollande, en 1511, a publié un ouvrage sous le titre de *Batavia* (Leyde, 1588, in-4°), dans lequel on voit, pour la première fois, que Laurent Coster est le premier inventeur de l'imprimerie, et cela est dit cent quarante-six ans après la prétendue découverte, dont personne n'a encore parlé. Il est utile de savoir que Junius n'était pas riche, et qu'il aimait assez à courir les cabarets ou tavernes : là, il se mêlait à des ouvriers de tous les états pour apprendre les termes propres à chacun, avec lesquels il a fait son *Nomenclator omnium Rerum propria nomina variis linguis explicata indicans* (Augsbourg, 1555, in-8°). Cet ouvrage a souvent été réimprimé. Dans l'une de ces études, où la boisson n'entrait pas pour peu, certains vieillards lui racontent ce que leur a dit un garçon relieur nommé Corneille, que Coster est vraiment l'inventeur de l'imprimerie, et que l'un des ouvriers qu'il occupait lui a enlevé tous ses ustensiles pendant qu'il était un jour à la messe de minuit. Comment cet ouvrier a-t-il appris cela? c'est ce que ne dit pas Junius. Voilà, je crois, un véritable commérage, et fait au cabaret encore! Quelle croyance ajouter à un pareil aveu?

Pierre Scriverius a voulu accréditer ce conte en venant après Junius, et, dans le siècle dernier, Meerman a fait deux volumes pour prouver l'authenticité de la chose, dont cependant il paraissait douter, mais qu'il a admise comme certaine dans ses *Origines typographiques*, parce que lui-même, né à Leyde, prenait plaisir à profiter des traditions légères et d'invention, pour donner un titre de plus à la gloire de son pays. André Cornélius a répété le propos de Junius; mais il y a long-temps que l'on est en garde contre les assertions que renferme sa *Chronique de la Frise*, réputée comme un livre plein d'erreurs. M. Marron, auteur de l'article sur cet auteur, dans la *Biographie universelle*, dit qu'on ne doit le lire qu'avec beaucoup de défiance.

Maittaire n'accrédite aucunement cette tradition dans ses *Annales typographiques;* il dit seulement que Guttemberg, s'étant séparé de Faust et de Schœffer, se retira à Strasbourg, et de là à Harlem.

De tout cela il résulte que les propagateurs de cette fable sont des Hollandais, de Harlem même, qui ont été intéressés à faire circuler ce mensonge. On dirait que le Temps, qui est plus fort que les hommes, semble avoir voulu leur donner un démenti, quand la maison que l'on prétendait avoir été habitée par Coster, s'est écroulée en 1818, et a renversé ce témoignage d'une farce vaniteuse et mensongère, qui n'est appuyée d'aucune certitude.

Bien que les premiers essais typographiques soient sans dates, il est bien reconnu qu'ils n'ont pas été en-deçà de l'an 1440, et même, avec de nombreux témoignages, on ne doit les reporter que vers l'année 1450. Or, Laurent Coster, né en 1370, aurait donc eu l'âge de soixante-dix ans lors de la prétendue découverte, et à cet âge il aurait réalisé tout seul ce que trois hommes courageux, intelligens, et bien moins âgés que lui, ont eu tant de peine à établir; et d'ailleurs Faust et Gænsfleisch, dit Guttemberg, s'enfuit avec un matériel considérable, et l'on ne court pas après l'auteur de ce vol, et on ne peut l'atteindre! et les écrivains contemporains ne parlent en aucune manière d'un tel événement! et la famille de Coster ne fait aucune poursuite à cet effet! et c'est après cent quarante-six ans de silence que l'on veut imposer à la crédulité du siècle une pareille facétie!

Oui, Laurent Coster a, comme les imagers, gravé des caractères sur des planches solides; il les a imprimés à la détrempe, et d'un seul côté, sur des feuilles que l'on collait ensuite l'une sur l'autre; mais jamais il n'a inventé la typographie, la presse, les caractères mobiles, les poinçons, les matrices, l'encre, et tous les détails qui s'allient aux élémens de l'art.

Il appartenait au savant M. Renouard de prouver que l'in-folio gothique (1) que l'on donnait pour être sorti des presses de Coster en 1442, n'a pu être produit que de 1466 à 1470, puisque, contenant un opuscule du pape Pie II, mort en 1464, cet opuscule n'a dû voir le jour qu'après sa mort.

La preuve la plus irrécusable de mensonge dans cette affaire, c'est que jusqu'à Junius, dont l'ouvrage est de 1588, aucun savant hollandais n'a parlé de la célébrité de Coster comme inventeur de l'imprimerie.

Il importe de dire que Bayle, cet investigateur intrépide qui doutait de tout, et le savant Huet, évêque d'Avranche, disent qu'il faut ajouter peu de foi aux récits d'Adrien Junius, dont la fable a été répétée par Scriverius, Meerman, Lambinet, et nouvellement par M. Koning.

Pour ne pas aller plus avant dans une discussion qui est jugée depuis long-temps, on peut se reporter à la notice très-lumineuse que M. Renouard a insérée dans le tome deuxième du *Catalogue de la Bibliothèque d'un amateur*, page 152, à l'annonce de l'ouvrage cité d'autre part.

---

(1) *Guill. de Saliceto, Cardinalis de Turrecremata et Pii II, (Aeneae Sylvii) Opuscula*. In-fol. gothique, vingt-trois feuillets, sans chiffres, réclames, ni signatures.

Deuxième Époque.

4, page 56. Au commencement du 15ᵐᵉ siècle, il y avait une commission de moines préposés au biffage de certains passages dans les livres, qu'il leur plaisait de soustraire à la connaissance des lecteurs. L'esprit de controverse gagnant, on trouva plus court de lancer des interdits et de faire brûler par la main du bourreau les ouvrages condamnés. Vers cette époque, la famille Borgia revêtait la pourpre pontificale.

7, pages 58 et suiv. De nos jours assurément on ne pourrait pas, comme au 16ᵐᵉ siècle, mettre une sorte de méticulisme dans la correction des textes : car maintenant on brûle les opérations, si je puis m'exprimer ainsi, c'est-à-dire que l'on prend à peine le temps de les faire. Mais la cause de l'incorrection des livres provient de la quantité de sujets qui ont embrassé l'imprimerie sans posséder aucune espèce d'instruction, de sorte que le moindre manuscrit un peu négligé est pour eux un écueil où vient échouer leur savoir-faire. Les marges ne sont pas assez grandes pour annoter les fautes ; après cela, il faut réparer sur le marbre une composition qui reste toujours très-irrégulière par l'effet de remaniemens, lesquels ne sont faits bien souvent qu'en partie.

Pour avoir de bons textes, il faut posséder de bons

ouvriers et de bons correcteurs, ce qui est assez difficile à se procurer.

Lorsque l'emploi de correcteur ne sera pas réduit à celui de manœuvre, on pourra produire des livres corrects.

Mais avant tout, pour produire de bonnes éditions, il y a cinq choses à observer :

1º Choisir des correcteurs instruits, munis de connaissances en typographie;

2º Faire choix d'un local tout-à-fait à l'abri de ce qui peut troubler l'attention de la personne occupée à lire et lui donner des distractions : il faut que ce local ait un beau jour;

3º Ne point précipiter un correcteur dans la lecture d'une épreuve : car faire vite et bien, c'est une chose qui ne se voit guère;

4º Ne point soumettre les correcteurs à une tâche quelconque, ainsi que j'ai vu cela se pratiquer encore à Paris;

5º Mettre toujours à la disposition des correcteurs une partie de livres à consulter, comme dictionnaires grecs, latins, français, biographie, chronologie, etc., afin de bien vérifier les rapports des dates et des événemens historiques, de même que pour lever tous les doutes sur l'emploi des mots.

La lecture des premières épreuves offre un travail trop matériel pour occuper un homme érudit : elle doit être laissée au prote, ou à toute autre personne *ad hoc*. (1)

La vérification des tierces doit être soignée, et chaque forme doit être relue de nouveau. A cet égard, il faut bien veiller à ce que la tierce ne soit point *banale*, c'est-à-dire qu'elle n'ait point été faite sur une autre presse que sur celle où doit s'opérer le tirage : car le transport de l'une à l'autre presse, quand la tierce est faite, peut occasioner la chute de quelques lettres, dont on ne s'aperçoit point puisqu'elles peuvent tomber après l'impression de la tierce. Il importe essentiellement de veiller sur cet abus, qui ne s'est glissé que depuis quelques années dans les ateliers.

Un usage qui s'est perdu, et que l'on doit regretter, c'est l'examen du papier pendant le tirage : par là on s'apercevait souvent de l'enlèvement des lettres dans les lignes non justifiées, et même quelquefois de fautes non corrigées.

Dans un atelier bien organisé, il serait bon que la totalité des épreuves d'un ouvrage fût lue par un

(1) Il y a quelques années qu'un maître imprimeur de Paris voulait user d'un moyen qui lui paraissait excellent pour se débarrasser de la lecture des premières épreuves : moyennant la somme de cinquante centimes pour les formats courans, chaque metteur en pages devait lire sa première, ce qui supposait, comme dans la méthode Jacotot, parité d'intelligence et de savoir !!!...

même correcteur, afin de donner plus d'uniformité à l'orthographe.

Je suis l'ennemi de tous les priviléges, de toutes les prérogatives; l'industrie, selon moi, doit s'exercer en pleine liberté; mais de la liberté à la licence il n'y a qu'un pas, et comme le Français ne sait point garder de sages mesures, il se jette dans l'oubli des convenances, bien qu'au détriment de ses intérêts. Le plus grand oubli des lois sur la librairie a porté un préjudice notable au commerce des livres, et, par une heureuse bienveillance, on mériterait du public instruit en revenant sur quelques-uns des réglemens qui en formaient la base.

En 1649, Louis XIV rendit une ordonnance pour remédier au mal apporté dans l'imprimerie par des personnes incapables d'exercer cet art, et qui, produisant des éditions incorrectes sur mauvais papier, donnaient de grands avantages aux étrangers, lesquels, en faisant mieux, obtenaient la supériorité dans la vente. A cet effet, il réclamait l'exécution du réglement de Charles IX, rendu en 1571, dont l'article 23 contient le passage suivant:

« Les maîtres imprimeurs éliront, par chacun an, deux d'entre eux, avec deux des vingt-quatre maîtres libraires jurés de ladite année, l'affaire desquels sera de regarder que les impressions qui se feront en chacune ville, soient bien et convenablement faites, correctement et avec de beau papier, bons caractères qui ne soient pas trop usés; et où lesdits jurés trouveront quelques fautes qui méritent répréhension en l'impression, ils en feront leur rapport, pour y être pourvu par le juge ordinaire civil ou criminel, selon l'exigence des cas. »

Et Louis XIV avait raison d'exiger l'exécution de cet article.

C'est l'ignorance qui perd l'imprimerie. Pour se mettre en concurrence avec le talent, elle calcule sur le bon marché: pour cela, elle emploie des ouvriers ignares, qui se trouvent toujours heureux d'être rétribués, n'importe comment: de là les bas prix dans la fabrication. Les propriétaires d'établissemens qui manquent de l'instruction nécessaire pour les faire valoir convenablement, goûtent peu les observations justes de tout homme que l'étude et une longue pratique ont rendu maître de l'art dans lequel il veut s'exercer: loin de cela, leur vanité blessée les porte souvent à placer à la tête de leurs maisons des ignorans comme eux, dont la jactance servile approuve toutes leurs bévues. (1)

Par le temps qui court, où tant d'ouvriers se pré-

(1) Vers 1826, un maître imprimeur, de caractère assez fantasque, disait à l'un de ses confrères chez lequel il dînait, *Un prote instruit embarrasse le train d'une maison par trop de susceptibilité.*

DEUXIÈME ÉPOQUE. 213

sentent sans instruction, un directeur d'établissement n'est jamais assez surveillant; il doit même ses conseils à tout le monde : c'est le seul moyen de conserver la supériorité des presses françaises. Je n'entends point parler ici des feuilles journalières, mais bien des ouvrages suivis, qui doivent être conservés pour documens historiques.

Je sais que la perfectibilité n'est point pour l'esprit humain : quelle que soit l'attention apportée à la lecture des épreuves, la distraction, l'oubli, peuvent faire commettre de graves erreurs; mais quand, à livre ouvert au hasard, on trouve des fautes comme celles qui suivent, on peut dire qu'il y a négligence absolue dans la correction des épreuves :

> « Mais on sent en même temps que ce grand air d'insouciance sur tout, dernier terme de l'esprit de société qui accoutume à tout, tient nécessairement à une extrême immoralité, dont les causes ne seraient pas difficiles à trouver dans ce même esprit de société *qui accoutume à tout, tient nécessairement à une extrême immoralité, dont les causes ne seraient pas difficiles à trouver dans ce même esprit de société*, qui, à force de perfectionner les formes, a corrompu les choses. » (COURS DE LITTÉRATURE ANCIENNE ET MODERNE, *par J. F. La Harpe*, Paris, 1825, tom. XIII, pag. 307 et 308.)

La phrase ci-dessus en italique est un double emploi : en termes de l'art, c'est un *doublon*, mais un doublon assez copieux, qui, à la lecture, jette dans un embarras inextricable.

Dans le grand nombre de fautes nombreuses de rapports de dates que contient le Dictionnaire historique *ou* Biographie universelle classique, par le général *Beauvais*, dont les ouvrages attestent la puissance du sabre, je cite celle-ci, qui se trouve dans la première livraison, page 118 :

« Arnaud (de Brescia) se retira en Suisse, où ses disciples le suivirent. De là il fut à Rome en 1141, fit chasser le pape, piller le palais des cardinaux, et voulut établir le sénat : cette anarchie dura *dix ans*, au bout desquels le pape Eugène III parvint à rentrer dans cette capitale du monde chrétien. Arrêté peu après sous Adrien IV, Arnaud fut condamné à être attaché à un poteau, et brûlé vif en 1145. »

Il faut lire ici en 1155. Mais dans quelles erreurs ne jettent pas de semblables fautes !

Celle que je signale ci-après prête plus qu'à rire :

« Il est pénible d'avouer qu'un si méchant homme (Louis XI) a fait quelque chose de grand ; mais enfin, c'est Louis XI qui constitua cette monarchie que les ruineuses expéditions de Charles VIII, et les désastres continuels de François Ier ne purent affaiblir ; à laquelle Richelet donna tant d'activité et de crédit en Europe. » (Mélanges historiques et littéraires, *par M. Villemain*, Paris, 1827, tom. 1er, pag. 445.)

On ne s'attend guère à voir *Richelet*, grammairien, donnant de l'activité et du crédit à la France ; mais, dans des volumes de 29 feuilles et un quart, que le libraire vend *huit francs*, on s'inquiète peu de la correction ; d'ailleurs, la racine du vrai mot se trouve dans *Richelet*, puisqu'il faut lire *Richelieu!* On n'a pas même voulu faire la dépense d'un carton ou d'un *erratum!*

Dans le Traité élémentaire de Géographie, par *Malte-Brun*, Paris, 1830, tome I, page 572, on trouve,

« La république de *Saint-Marin* se compose de la ville de *Saint-Marin* et de *deux* villages. »

Et, à la page 573, on lit, au titre,

« RÉPUBLIQUE DE SAINT-MARTIN,
comprenant 1 ville et 4 villages. »

Ainsi, d'un côté, on lit *Saint-Marin* et *deux* villages, et de l'autre *Saint-Martin* et *quatre* villages.

C'est ainsi que l'on établit des livres pour faciliter le développement intellectuel, en préconisant toujours le bienfait de l'instruction populaire. L'égoïsme et l'hypocrisie, voilà le véhicule de la plupart des hommes qui veulent des révolutions, pour les exploiter à leur profit.

La bonne correction fait seule le mérite d'un livre, et il importe tellement d'être vétilleux à cet égard, que, quelle que soit la peine qu'on prenne pour y arriver, jamais on ne peut répondre de l'exactitude d'un texte. Deux exemples me serviront à appuyer cette opinion :

Les éditions de M. Pierre Didot sont en réputation. L'une de ses dernières collections in-8° est *dé-*

diée aux *Amateurs de l'art typographique, ou d'éditions soignées et correctes*. Cet habile imprimeur, comme je l'ai dit, surveillait tout lui-même dans ses ateliers. Hé bien, dans l'*Histoire de Charles XII*, de cette même collection, papier fin, à 7 fr. 50 cent. le volume, on trouve à la première ligne de la page 6, la préposition *de* doublée. C'est un malheur, causé sans doute par la fatigue ou la distraction; mais c'est une preuve de la présence attentive qu'il faut apporter à la lecture des épreuves. Je n'estime pas moins ce volume, qui, du reste, n'offre rien de pareil.

Le second exemple est puisé dans un ouvrage plus moderne, et qui fait autorité en ce qu'il est consacré spécialement à l'imprimerie; la faute se trouve dans le passage où il est question des correcteurs célèbres, ce qui aurait dû porter l'attention de l'auteur, imprimeur distingué, et du correcteur, à vérifier le rapport des dates :

« Trois ans après l'arrivée de Gering à Paris, Pierre Cæsaris et Jean Stol, encore deux Allemands, maîtres ès-arts de l'Université de Paris, dans laquelle ils avaient étudié, et élèves de Gering, avaient établi la seconde imprimerie à Paris, en 1473; et en 1510, époque de la mort de Gering, on y comptait déjà plus de cinquante établissemens. » (DE L'IMPRIMERIE CONSIDÉRÉE SOUS LES RAPPORTS LITTÉRAIRES ET INDUSTRIELS, *par G. A. Crapelet*, imprimeur. Paris, juillet 1827, pag. 15.)

Page 44 de la même brochure, on lit,

« L'un des premiers (correcteurs) qui s'honorèrent de

ce titre, fut Jean Chappuis, licencié en droit, qui corrigeait spécialement les ouvrages de droit dans l'imprimerie d'Ulric Gering, associé alors avec Bertholde Rembolt, en 1591. »

Accordez maintenant cette date de 1591 avec celle de 1510, époque de la mort de Géring. Et pourtant les impressions de M. Crapelet sont justement en réputation; et l'auteur, habitué à la correction, a lu lui-même attentivement son ouvrage, et comme auteur et comme correcteur; et son correcteur, placé convenablement loin du bruit de l'atelier, a dû porter une grande attention sur un paragraphe, qui, en parlant de la célébrité des correcteurs, la réclamait tout entière.

Si, à la suite des raisons les plus grandes pour ne point laisser échapper quelques fautes, l'œil d'un correcteur instruit se trouve en défaut pour quelques-unes, combien d'inexactitudes ne doit-on pas attendre des lectures faites légèrement, avec rapidité, ou au bruit du travail des ateliers, par des personnes peu exercées à la correction !

Il ne suffit pas d'être érudit pour être bon correcteur : il faut posséder l'habitude des épreuves, avoir de la prestesse dans le regard pour saisir les fautes au courant de la lecture, connaître tout le matériel de l'arrangement des types, ce qui caractérise l'harmonie d'une belle composition, telle que la propreté de l'espacement et l'agencement des titres généraux et divisionnaires; il faut enfin connaître l'imprimerie.

Quiconque voudra s'instruire dans cette partie si importante de la typographie, trouvera des sujets d'étude dans le chapitre premier de la brochure de M. Crapelet, mentionnée ci-dessus. Quoique, dans ce chapitre, l'auteur n'ait voulu parler que des personnes célèbres qui ont fait briller leur savoir dans la correction des épreuves, on y trouve déjà l'indication des élémens qui constituent un si beau et si grand travail.

Pour moi, qui m'appuie si verbeusement sur la sévérité que l'on doit apporter à la correction d'un livre, je ne puis joindre l'exemple au précepte par la minimité de mon savoir et la fragilité de mon entourage. Heureux je serai si l'on n'a à reprocher à cet opuscule que des fautes d'inattention !

15, page 65. «Le 15 avril 1819, la frégate *la Salsette* jeta l'ancre sur les côtes de la Troade, non loin des fameux tombeaux que l'on aime à croire ceux des héros grecs morts au siége d'Ilion. Comme ils attendaient le firman du Grand-Seigneur à l'embouchure des Dardanelles, et justement à quelques centaines de pas du château d'Abydos, il prit envie à lord Byron de vérifier si les savans avaient eu raison de révoquer en doute le récit des tendres traversées de Léandre.

Un lieutenant de la frégate offrit de partager la gloire et les dangers de cette épreuve.

« Les deux nageurs partirent en même temps, et firent le trajet en une heure et quelques minutes. Le compagnon de lord Byron eut à peine atteint le rivage de Sestos, qu'il se hâta de regagner sur une barque l'autre bord, où le rappelaient ses fonctions; mais lord Byron, épuisé de fatigues, et grelottant de fièvre, se traîna demi-nu dans une cabane voisine, et reçut l'hospitalité d'un pauvre pêcheur turc, qui, pendant cinq jours, lui prodigua les soins les plus assidus.

« A peine revenu sur le rivage d'Abydos, Byron envoya au pêcheur, par l'un des hommes de sa suite, un assortiment de filets, un fusil de chasse, une paire de pistolets, et douze pièces de soie pour sa femme. Surpris de ce présent, le pauvre Turc voulut, dès le lendemain, traverser l'Hellespont, afin de remercier sa seigneurie. Hélas! à peine éloigné de son rivage, une rafale s'éleva, fit submerger la barque, et l'engloutit dans les flots.

« Qu'on juge du désespoir de lord Byron. Il s'empressa d'aller lui-même consoler la veuve, la pria de le regarder à l'avenir comme son ami, et lui laissa une bourse de cinquante dollars. » (*Vie de Byron*, en tête de ses *OEuvres complètes*, traduction de M. Paulin-Paris.)

Quelle succession d'événemens, dont la mort d'un pauvre pêcheur qui périt sous le poids de la reconnaissance est la suite, et comme la tête du poète a dû être remuée par cette fatalité, qu'un désir innocent de vérifier une tradition historique avait amenée!

23, page 74. Pourquoi s'occuper à vaincre des difficultés insurmontables? Le temps a tellement de vîtesse aujourd'hui, que, pour le suivre, les routes tracées doivent être fréquentées de préférence à toute autre. La gravure en bois permet d'intercaler maintenant quelque figure que ce soit dans les caractères mobiles : et ce n'est pas un petit avantage pour la propagation des sciences que l'extension donnée depuis quelques années à cette partie des beaux-arts, surtout pour la géométrie, dont les figures les plus simples, exécutées avec des bouts de filets, n'offraient pas toujours une extrême fidélité dans les parties, et forçaient quelquefois à recourir à la gravure en taille-douce, qui demandait un tirage à part, et fort coûteux.

Non, la précision et le rapport exact des distances pour une carte géographique n'est point du domaine de la typographie mobile, dont la multiplicité des pièces angulaires ne réalise jamais précisément la correspondance des lignes droites et courbes que demandent les figures topographiques d'un pays. L'invention de M. *Girardet* comble la lacune à cet égard.

Le vernis avec lequel il écrit sur la pierre résiste à toute espèce d'acide, et quand, par la force d'un rongeant quelconque sur la partie que le vernis n'a pas touchée, le dessin a acquis une certaine saillie, on arrête l'effet du rongeant par un lavage, et l'on forme des matrices en plâtre, qui servent à fondre des clichés en alliage de caractères d'imprimerie.

Voilà certes une invention qui va remplacer à la fois la gravure en bois et la gravure en taille-douce; non-seulement de petites figures, mais des cartes géographiques pourront être réunies par ce moyen aux caractères mobiles, et subir un seul et même tirage, en offrant la précision des planches gravées autrefois au burin.

On peut voir de plus amples détails sur cette découverte dans le numéro 15 du *Mémorial Encyclopédique*, page 84.

28 et 29, page 86. La presse à vapeur de MM. Kœnig et Baur, saxons, mise en œuvre à Londres en 1814, occasionait des frais énormes : elle était sujette à des dérangemens fréquens. Depuis cette époque, M. Miller, mécanicien anglais, parvint à créer une presse qu'un seul homme faisait mouvoir, et dont l'établissement était moins dispendieux que la machine précédente.

La presse à double cylindre de l'écossais Nay-Peer,

était mise en mouvement par deux hommes, qui tournaient sans cesse une manivelle. Deux hommes aussi étaient aux extrémités, l'un pour présenter les feuilles, l'autre pour les retirer. La pression, qui agissait sur deux formes, donnait 900 feuilles à l'heure. Le jeu des fourchettes pour saisir les feuilles me parut fort ingénieux, de même que l'action des rouleaux pour distribuer l'encre.

La plupart des presses à vapeur, en usage maintenant à Paris, sont dues à M. Selligue, qui a reçu un prix de deux mille francs de la Société d'Encouragement. Ces presses reçoivent deux formes à la fois, et impriment 1,500 exemplaires à l'heure, ce qui donne 15,000 en dix heures, avec une seule composition. Autrefois, il fallait quatre compositions, lesquelles, divisées en huit formes, donnaient à huit presses 3,750 de tirage pour chacune, en travaillant pendant dix heures.

Pour un journal de 60 lettres à la ligne, 115 lignes à la colonne, 3 colonnes à la page, 4 pages à la feuille, on peut estimer que l'économie, par la machine à la vapeur, doit être de 80,000 francs au moins par année.

Il faut dire que l'application de la vapeur à l'impression, ne convient pas aux ouvrages de luxe, dont le tirage exige une attention particulière. Ce sera toujours la presse à la Stanhope, ou celle dite *Co-*

lombienne, de G. Clymer, qui produiront une couleur égale et un registre (1) parfait, principaux élémens de toute bonne impression.

En 1830, plusieurs journaux ont parlé de l'importation d'une imprimerie dans la Polynésie, et de la joie des insulaires quand ils purent avoir part à l'instruction. Le roi du pays s'est fait initier aux premiers travaux de l'atelier, et en protége de tout son pouvoir la prospérité. Les livres qu'on y imprime sont des extraits des *Saintes Écritures*, que les naturels appellent *la Parole de l'âme*. Quand la science mécanique pénétrera dans cette terre si long-temps inconnue, on verra ce que peut devenir une population naturellement spirituelle, qui se développe sur un sol vierge et fécond.

Dans le mois de mars dernier, il a été fait mention à la Société d'Encouragement de Paris, d'une presse à vapeur construite par M. Thonnelier, artiste français, qui a modifié heureusement le beau travail de M. Edward Cowper, qui lui-même l'avait emporté sur MM. Durand, Selligue et autres. Les avantages de la presse à vapeur de M. Thonnelier se résument ainsi :

---

(1) On dit *faire le registre*, c'est-à-dire faire tomber avec justesse, à l'impression, les pages d'un côté de la feuille sur celles de l'autre côté. *Un mauvais registre* indique l'imperfection du rapport des pages l'une sur l'autre.

Elle ne coûte que 18,000 francs.

Les engrenages sont d'une précision parfaite.

Pendant le travail, la machine n'éprouve pas, comme les presses anglaises, une trépidation qui nuit au travail et à la durée de l'instrument.

Ces presses donnent un parfait registre.

Elles fonctionnent avec une vîtesse de $1/7^e$ plus grande que les presses anglaises et américaines, c'est-à-dire qu'elles peuvent imprimer 18 à 1,900 feuilles des deux côtés en une heure.

Troisième Époque.

1, page 107. On parle aujourd'hui d'ouvrages établis à grands frais pour classer les élémens des sciences sous un seul point de vue; et certes peu d'ouvriers se montrent capables d'exécuter proprement ces travaux synoptiques, tels que les tableaux de Le Sage, de De Mancy et autres. Dans les 16me et 17me siècles, des ouvrages aussi difficultueux étaient établis dans des villes où l'on ne trouve aujourd'hui que de chétifs ateliers; des cités mêmes où il n'y a point d'imprimerie maintenant, en possédaient alors. Chambéry a donné plusieurs beaux ouvrages très-corrects à l'époque dont je parle. Quel relief offre la typographie aujourd'hui dans ces pays-là? Il y avait, je le répète, une masse de savoir parmi les ouvriers, qui, donnant de bonnes compositions, n'entraînaient point à des multiplicités d'épreuves, à des remaniemens sans nombre, à la dégradation des caractères par la pointe (1), et à des retards interminables.

Page 109. L'échelle des points de M. Franç.-Ambroise Didot est la ligne de pied-de-roi, divisée en six parties égales. Ainsi, le premier caractère est le six, qui remplace la nompareille; le sept, qui remplace la mignone; le huit, la gaillarde; le neuf, le petit-romain; le dix, la philosophie; le onze, le cicéro; le douze, le Saint-Augustin. Dans ces caractères, on a établi par la suite une transition par demi-points, afin de les varier.

Depuis le douze, la gradation est de deux points en deux points.

Pour la coïncidence des matériaux que l'on doit souvent amalgamer, on sent tout ce qu'un pareil système offre d'avantageux quand à la fonte il est observé scrupuleusement. Dans tous les ouvrages *è regione*, comme les tableaux synoptiques, l'économie du temps est inappréciable en suivant un tel système, qui établit le parangonage en un clin-d'œil.

Et pourtant, en 1827, on a écrit, « Les désignations de *Cicéro*, de *Saint-Augustin*, ne s'effaceront

(1) Petite branche de fer pointu dont on se sert pour faire sortir les lignes des pages, et que l'on devrait proscrire généralement : les doigts suffisent pour enlever les lettres.

pas du langage des typographes; ils ont trop d'obligation à l'éloquence pour cesser de lui rendre un hommage dont leurs prédécesseurs leur ont donné l'exemple. » (1)

En vérité, c'est bien se méprendre sur nos ancêtres, dont quelques-uns n'avaient pas certes le langage de la routine. Tout ne peut se faire à la fois. Oui, le mot Cicéro provient du premier ouvrage de Cicéron, auquel a servi ce caractère; le Saint-Augustin de même. Mais nous n'avons point de caractères appelés Homère, Anacréon, Plaute, Térence, Virgile, etc., et pourtant quelques caractères nouveaux ont bien servi pour la première fois à la facture des ouvrages de ces auteurs. Ce n'est donc point par reconnaissance pour les beaux écrits que les anciennes dénominations ont été données, puisqu'on y a dérogé pour les mots de *gros-texte*, *petit-texte*, *mignone*, *nompareille*. Le fondeur de M. Crapelet peut fort bien ne pas travailler d'après l'échelle métrique: cela ne porte aucune atteinte à la commodité généralement reconnue du système par points, système que tous les ouvriers préfèrent par ses avantages dans les rapports géométriques. L'atelier dont tous les caractères ont une identité précise à cet égard, a, je le répète, le double de valeur d'un autre où le moindre rapport

(1) M. Crapelet, *De l'Imprimerie, considérée sous les rapports littéraires et industriels*, pag. 3, note 2.

de caractère à caractère ne peut se faire qu'à l'aide du parangonage, avec des lames de plomb, de carte ou de papier.

Page 113. Je me plais à citer ici quelques-uns des jolis ouvrages sortis de la plume du premier typographe français :

1° *Essai de Fables nouvelles, suivies de Poésies diverses et d'une Épître sur les progrès de l'Imprimerie;* Paris, 1786, in-12 de 156 pages. Chacune des pièces contenues dans ce recueil révèle une âme honnête sous l'enveloppe d'un style élégant et correct; une douce philosophie y distille une morale persuasive qui fixe l'attention en instruisant. Les notes qui sont à la suite de l'Épître sur l'Imprimerie, sont fort intéressantes.

2° *Inscriptions morales, ou Recueil de Quatrains moraux dédiés à la jeunesse;* 1806, in-12 de 86 pages. Ce petit ouvrage est d'une utilité générale pour le second âge; il imprègne la mémoire de l'enfance d'un saint respect pour les devoirs sociaux, et apprend à se garder de l'effervescence des passions. Dans l'avant-propos, on trouve l'essence de la morale de La Fontaine, extraite de ses fables, en trente-deux quatrains.

3° *Petit Livre de Fables pour les Enfans;* 1824, in-12 de 60 pages. On retrouve là M. Didot avec le peuple enfantin, qu'il instruit de la manière la plus touchante : toujours même grâce, même abandon, même philosophie; il se plaît à marcher dans le sentier que La Fontaine a parcouru, si ce n'est avec autant d'aisance, du moins plus pénétré de ses devoirs sacrés de père et d'époux.

3, page 119. En vérité, ce qui est insoutenable dans les éditions de Bodoni, ce sont les éloges que ce typographe imprima de lui-même, sans jamais parler du talent des autres. On peut pardonner à sa veuve d'avoir exhumé tous les sonnets ampoulés des amis de son mari; mais que M. Lama nous les ait reproduits dans la Biographie qu'il a donnée de cet homme habile, c'est passer les bornes de la décence, et surtout quand ils sont conçus d'après l'extrait suivant, qui est la traduction du second quatrain de l'un d'eux (1) :

« Le voilà celui qui, dans ses travaux admirables,
« s'élevant au-dessus de la foule, a pris un vol si heureusement audacieux, qu'il n'a jamais été surpassé,
« et qu'il ne le sera jamais. »

Bodoni pouvait se passer de cette insipidité d'éloges outrés. Il a produit assez pour être un grand artiste; il n'a pas assez produit pour qu'on ne le surpassât point.

(1) *Vita del cavaliere Bodoni, tipografo italiano*, etc. Parme, 1816, in-4°, tom. 1, pag. 172.

Le livre dont je veux parler ici est le *Manuel typographique*, objet de tous les soins de Bodoni pendant longues années, qu'il n'a pu finir avant de mourir, et que sa veuve a publié en 1818.

L'ensemble de l'ouvrage est bien, le papier est superbe. Le double encadrement des pages est d'un bel effet.

Au bas du portrait, qui est en regard du texte, on lit ces deux vers :

> *Hic ille est Magnus, typica quo nullus in arte*
> *Plures depromsit divitias, veneres.*

La dédicace à Marie-Louise est fort belle; mais la ligne Maesta, en majuscules de ronde, choque le bon goût, de même que Maesta vostra en majuscules de lettres latines, avec deux initiales de ronde.

Les deux caractères (italique et romain) des Avis aux Lecteurs sont beaux. La pagination est en majuscules latines, ce qui surcharge trop un signe indicatif quand cette pagination est prolongée.

Les premiers caractères sont pleins de vieilleries; les plus petits n'ont point d'approche.

A commencer des Garamond, on trouve des types assez jolis. Les italiques sont fort irréguliers, tantôt à angles vifs, tantôt à angles arrondis, en se rapprochant des caractères de Chancellerie.

La vieillesse des formes se voit mieux dans les gros caractères.

Les caractères d'écriture sont mal dessinés. Les anglaises ne signifient rien auprès de celles de M. F. Didot: les majuscules P et C en sont affreuses; la pente n'est pas uniforme; on aperçoit des caprices qui prouvent absence de goût.

Dans la longue série des majuscules par gradation, où l'on voit encore beaucoup de vieilleries, les cartels sont multipliés jusqu'à trois dans une page; leur agencement avec des accolades et de vieilles vignettes donne à tout cela un air de vieux papillotage, qui certainement n'est pas beau, ou bien c'est du beau à la manière de Bodoni, qui jetait des accolades partout, sans chercher même à leur donner une forme agréable.

Le second volume contient les caractères étrangers: il y a des choses superbes; c'est là que se montre la prétention de Bodoni: les grecs sont magnifiques. On voit les *chers* cartels jusqu'à quatre dans une page. Il y a ici profusion dans les types étrangers: les grecs sont variés jusqu'à soixante-une fois. Il aimait beaucoup le russe: quatre-vingt-deux pages sont consacrées aux divers échantillons de ce caractère, droit, penché, bas-de-casse, majuscules, etc.

Les vignettes n'offrent rien de neuf. Dans la page 259, on voit la gradation des cartels. Ensuite vient une série d'accolades en trois pages, les unes placées perpendiculairement, les autres horizontalement.

Les folio, en chiffres italiques, ne me paraissent pas heureusement établis de cette manière. On a eu le bon esprit de minimer les signatures en chiffres de mignone. Mieux eût été de n'en pas mettre du tout.

Dans la préface de ce livre, écrite par Bodoni, l'auteur s'efforce de définir le *beau*, le *bon* et l'*utile* en typographie; il traite ensuite des signes de la parole, comme lettres, accents, ponctuation, chiffres, etc., et puis des vignettes et fleurons. Ses recherches historiques à cet égard ne sont que de l'érudition, et ne peuvent profiter pour l'avancement de la science typographique. Il décrit tous les caractères de son Manuel en faisant ressortir la richesse des hébreux, des grecs, des arabes et autres. En fait, ce livre est pour la vue: son ensemble est beau; il pèche par les détails.

Bodoni a produit trois beaux ouvrages; ce sont,

1° *Oratio Dominica in CLV linguas versa et exoticis characteribus plerumque expressa;* 1806, in-folio.

2° *Traité du Nivellement*, par P. Busson-Descars, ingénieur en chef au Corps impérial des Ponts-et-Chaussées; 1813, grand in-4° sur vélin.
(Cet ouvrage est vraiment beau.)

3° L'ouvrage dont je viens de parler, sous le titre de *Manuale tipographico*, 2 volumes grand in-quarto.

15, page 133. Pendant quelques années, c'était une fureur en France de charger de vignettes et de fleurons les parties du texte d'un volume. La collection in-16 des Classiques français elzéviriens de M. Charles Nodier, pèche encore par ce défaut. Les OEuvres de Châteaubriand, éditées par le libraire Ladvocat (1826, in-8°), offrent un placage de vignettes répandues à tort et à travers pour former un misérable pastiche qui n'est que lourd, et blesse la vue. De la simplicité dans les textes, de la sobriété dans les ornemens, tel est le principe du beau.

Je dois dire quelques mots ici d'un objet assez difficile à saisir dans le travail : c'est de la répartition des blancs dans les titres et frontispices; cette étude n'est pas à dédaigner : un œil exercé peut seul en apprécier la valeur. Ce détail dans la pratique de l'art échappe à beaucoup d'ouvriers. Sa connaissance dérive d'un tact particulier qui décide de l'harmonisation des textes : il ne s'acquiert pas, il se révèle; il se développe par l'exercice. Les Allemands l'ignorent absolument.

Depuis quelques années, on blanchit trop généralement dans les livres français : un tel abus nuit au crédit de la librairie. N'est-il pas pitoyable de voir une page impaire formée de deux lignes de texte, une page blanche après, ensuite un titre d'un mot faisant page, et puis encore une page blanche. Ce manége de pages blanches est répété vingt-trois fois dans le volume des *Feuilles d'Automne*, de M. Victor Hugo. Les pages impaires finales, composées de deux lignes, n'auraient pas dû être ainsi, puisque les pages initiales des pièces dont elles font partie, n'ont aussi que deux lignes: on aurait pu donc aller au regagnage. Et, pour une table de deux pages, faire un faux titre seulement avec le mot *Table*, cela fait des pages de cinq lettres. N'a-t-on pas raison de dire que les libraires vendent du papier blanc au lieu de livres? Ce même vice se fait remarquer dans presque toutes les nouveautés.

Quatrième Époque.

7, page 188. Cette Inde si ancienne, où, dans les générations nouvelles, on voit encore l'immobilité de ses peuples quand ils ne connaissaient que les troupeaux et les champs; cette Inde, si fortement comprimée par le commerce anglais, commence à se mouvoir dans une autre vie. Déja l'unité de son antique religion est ébranlée. L'Inde a aussi sa réforme dans les disciples de Boudha, et, comme dans l'Europe, la Réforme, avec ses divisions, tuera la théocratie. Le peuple commence à raisonner, l'abolition des suttées le porte vers l'observation. Il y a peu de temps que, dans ce pays, une population de trois cent mille âmes avait résolu de se laisser mourir de faim, selon l'usage, plutôt que de payer un impôt au gouverneur anglais de la province; à cet effet, et à jour dit, toute celte population s'était réunie dans une vaste plaine. Dès le second jour, on ouvrit l'avis de se relever d'une telle résolution pour se rendre auprès du gouverneur, afin de lui exposer les motifs du refus: il ne s'agissait pas moins que d'un voyage de plus de cent lieues, et, pour des gens qui n'avaient pas mangé depuis plus de vingt-quatre heures, et qui étaient arrivés à jeun au rendez-vous, la marche allait être pénible: on prit donc quelque nourriture, et alors on se consulta, après quoi des députés furent envoyés pour porter les plaintes, et chacun retourna chez soi. Voilà un grand pas de fait contre le fanatisme. On peut douter que, pendant long-temps encore, beaucoup d'individus se fassent écraser dévotement sous les roues du grand chariot sacré (1); d'ailleurs, l'Inde commence à être manu-

(1) « Le *raoth*, char triomphal qui a trente pieds de haut, et seize roues de chaque côté, dont chacune a cinq pieds. A Bénarès, ville sainte des Indiens, dans les fêtes qui ont lieu la nuit, on place la divinité sur le chariot, et neuf mille brahmines, accompagnés d'une foule innombrable de fakirs, le traînent ou l'accompagnent: les plus considérables de la ville s'y joignent. Les Indiens sont tellement avides de cet honneur, qu'ils s'estiment trop heureux quand, à force de se pousser, de se battre, de se blesser, de se mutiler les uns les autres, ils ont pu parvenir à toucher l'une des cordes qui retiennent et attachent le char. Beaucoup d'autres

facturière; et, quand elle aura reconnu que la division des castes, si fidèlement observée dans ce pays, est une invention du sacerdoce pour exploiter les plus élevées à son profit, elle fera comme les peuples éclairés, elle changera ses lois trop anciennes contre les élémens de la fédération sociale : la presse sera le ciment d'une telle œuvre, qui signalera l'émancipation générale et l'acte le plus religieux. Alors, dans ce pays, la régénération se montrera sur de fortes bases; l'exploration de sa langue sacrée si riche lui donnera une vie gigantesque, qui rejaillira sur les autres parties du monde.

De l'Inde ancienne est sorti le principe de civilisation qui de l'Egypte a passé dans la Grèce, à Rome et chez les nations modernes; ce même principe, mûri par l'action du temps, retourne de l'Eu-

se précipitent par terre, et laissent les roues passer sur leur corps : ils pensent que c'est une manière de mériter le ciel. Les roues du char continuent à traverser la ville en écrasant une multitude de cadavres. » (NIECAM, 1, 10, 518; BRUTON, *Collect. of Voy. and Trav. in var. parts of the globe*. London, Churchill, 1732 or 1746.)

La critique la plus saine du fanatisme de l'Inde se trouve dans *la Chaumière indienne*, de Bernardin de Saint-Pierre. Dans son *Tableau de la Littérature française*, Chénier dit que ce livre est le meilleur, le plus moral et le plus court des romans de l'époque entière, et où l'auteur a réuni, comme dans ses autres ouvrages, l'art de peindre par l'expression, l'art de plaire à l'oreille par la musique du langage, et l'art suprême d'orner la philosophie par la grâce.

rope dans l'Inde, d'où l'on verra sortir de nouveau tout le grandiose des destinées humaines.

Le premier ouvrage publié en langue bengali parut il y a vingt ans à Calcutta. Depuis ce temps, le goût de la littérature a fait tellement de progrès chez les Hindous, qu'en 1829 la presse bengali avait produit trente-sept ouvrages ou traités. Il est vrai de dire que, comme chez nous, lors de l'origine de l'imprimerie, une grande partie de ces ouvrages a rapport au culte dominant; mais les livres de l'Europe sont portés aujourd'hui dans l'Inde, et lorsque les masses populaires, si énormes dans ce pays, pourront saisir la vraie théorie de la force industrielle en lisant l'histoire de notre continent actif et bouillonnant de vie nouvelle, tout changera de face à la fois: la condition du peuple ne sera plus l'abjection du paria.

Le publicisme par la voie des journaux, en idiôme du pays, fut introduit dans l'Inde vers 1814; le nombre des abonnés fut double l'année suivante, et de jour en jour on aperçut un plus grand développement dans les idées des rédacteurs.

D'après un document statistique recueilli par le gouvernement anglais, il y a maintenant seize presses continuellement en activité, sous la sanction du gouvernement, dans les trois présidences de Calcutta, Madras et Bombay.

En 1814, le nombre des journaux publiés en langue anglaise dans ce pays, était de dix; en 1820, de dix-sept; en 1830, de cinquante-un.

En 1820, le nombre des journaux en langue hindoue, était de deux; en 1830, de douze.

On voit donc que l'immense population qui couvre cette terre si ancienne sort de sa stationalité, et qu'elle suit le chemin qui lui est ouvert pour arriver à l'œuvre de la civilisation.

La superstition seule, entretenue par les prêtres, retient les peuples de l'Inde dans l'inaction et dans l'erreur. A l'abolition des suttées doit suivre bientôt celle du meurtre des enfans féminins (1), que se permet encore la race des Rajpoots (guerriers). Dans ce pays-là, comme dans bien d'autres encore, une

---

(1) On n'est pas d'accord sur la cause d'une pareille cruauté : il faut, selon moi, la rapporter à la personnalité des hommes de guerre, qui, dans les temps primitifs, se croyaient les plus utiles par la force dans la société de cette époque.

Notre Europe, si orgueilleuse de sa civilisation, étonne encore quand on la regarde à travers les trous de ses vieux langes usés: dans plusieurs contrées, les filles sont regardées comme nuisibles à l'intérêt des familles. Dans certaines parties de la Suisse, où le peuple parle une langue que l'on dit être le français, et où l'infatigabilité pour le repos est le domaine de bien des gens, quand les hommes se sont vendus au lieu d'exercer une industrie honorable, on ne trouve rien de mieux à faire des filles qu'à les envoyer au-dehors comme domestiques, ou même comme institutrices, qui, en bara-

part oisive de la population vit aux dépens des travailleurs par le mensonge et l'abus de la force : donc, quand la presse aura distribué les bienfaits de l'instruction dans toutes les classes, l'homme y reprendra sa dignité, et ceux qui affectent de se croire appelés à ne rien faire, seront forcés de s'utiliser par un travail quelconque, pour avoir part à la somme de bonheur qui résulte de l'association industrielle; autrement, ils deviendront les véritables parias abjects de la société : tels on a vu les descendans des prêtres égyptiens, méprisés et errans sous le nom de Bohémiens, montrer aux yeux des nations l'instabilité du mensonge, que suivent toujours le mépris et la misère. (1)

gouinant quelques mots de français, où bien souvent elles ne comprennent rien, mais qu'elles cherchent à relever par beaucoup d'affectation et de méticulisme, et en ajoutant à cela quelques notes touchées bien sèchement sur le piano par une main sans vigueur, finissent, quand on a reconnu leur nullité, par être femmes-de-chambre ou bonnes d'enfans, qu'elles ne savent pas même soigner. Là, les filles n'ont part qu'à un trousseau sur l'héritage de leur père, et ce trousseau l'héritier mâle de la maison le donne bien souvent de la plus grande exiguité.

Dans la Savoie, la même coutume régit encore les familles : les filles n'ont droit qu'à une *légitime*.

Dans l'Angleterre, les aînés mâles sont encore les seuls héritiers.

(1) D'après l'opinion du baron d'Echstein, cette tradition a bien quelque vraisemblance si l'on remonte aux Bhils, chasseurs de l'Inde, que l'on disait être des brigands et des

Si de l'Inde ancienne nous passons dans le Nouveau-Monde, on verra que nulle part la curiosité n'est plus avivée : l'Amérique, dans laquelle on compte 39,300,000 habitans, a 978 journaux, dont 840 pour les États-Unis, qui ont seulement une population de 12,600,000 habitans. C'est donc aux États-Unis que le publicisme a le plus d'empire, puisque l'Angleterre même, avec sa population de 22,400,000 habitans, n'a que 483 journaux, la France 490 (32,560,934 habitans), l'Autriche 30 (32,000,000 d'habit.), la Prusse 288 (12,464,000 habitans), la Russie et la Pologne 84 (56,315,000 habitans), l'Espagne 12 (13,000,000 d'habitans). Aussi, dans les États-Unis, il est curieux de voir la grande quantité de petits bâtimens qui sont continuellement en mer pour la circulation des journaux sur les côtes, et qui, à cet effet, vont au-devant des vaisseaux qui en apportent de l'Europe.

barbares carnivores dans leur vie nomade; repoussés de la société par l'accroissement de la population autour des temples, ils s'avancèrent probablement dans l'Egypte, où, après avoir surpris la crédulité du peuple, ils se fixèrent, et y exercèrent le métier de prêtre jusqu'à ce qu'un nouveau culte renversât leur échafaudage. Dans l'*Essai sur les Mœurs et l'Esprit des Nations* (ch. CIV), Voltaire a admis aussi cette tradition.

Voici le tableau du publicisme à l'époque du 2 mai 1832 :

Europe...	227,000,000	d'habitans...	2,142 journaux.
Amérique	39,300,000	....	978 ....
Asie.....	390,000,000	....	27 ....
Afrique..	60,000,000	....	12 ....
Océanie..	20,000,000	....	9 ....
Pour	736,300,000	habitans....	3,168 journaux.

Puisque, pour bien des gens encore, la publication de la pensée est un obstacle au bonheur social, qu'ils voient et disent si le peuple le plus heureux est celui qui a le moins de penseurs ; car maintenant tout est dans les journaux : histoire, philosophie, littérature, politique, commerce, l'existence morale y est représentée aussi complètement que l'existence physique dans les marchés.

L'Espagne s'est donné bien de la peine pour laisser son peuple dans l'ignorance : de quelle somme de bonheur jouit-elle? la misère et l'abaissement, voilà son lot.

TABLE.

La partie des notes de cet Ouvrage pouvant offrir quelque intérêt aux personnes qui s'occupent de typographie, on a cru nécessaire de faire une table analytique, pour retrouver avec facilité le passage quelconque qui aura pu fixer l'attention.

Alde l'ancien : invente le caractère Italique, 39; — les lettres doivent beaucoup à cette famille, 40, 55.

Allemagne : long-temps stationnaire dans l'art, 29; — ne connaît point l'harmonie des blancs, 232.

Alexandre (l'empereur) dans un atelier, à Paris : sa réponse au propriétaire de cet atelier, 79, *note*.

Amoretti (les frères), collaborateurs de Bodoni, 19, 130.

Anglais : ont produit d'intéressans ouvrages sur l'art, 9.

Angleterre (l') ne doit sa prospérité qu'à la liberté de la presse, 149; — c'est elle qui, dans l'Inde, porte la civilisation par les bienfaits de la presse, 151; — le publicisme y est mieux connu qu'en France, 182; — le sentiment national y produit de grandes choses, 183; — quelques beaux livres de ce pays, 187.

Bacciochi (Mme), sœur de Napoléon, protectrice de Bodoni, 98, 130.

Barbou (Joseph-Gérard) mérite une place dans les fastes typographiques, pour ses jolies éditions, 48, 72.

Baskerville, célèbre imprimeur de Birmingham, a fait avancer la science; mais ses types n'étaient certainement pas beaux, 47, 70.

Battage des livres : nuisible à la beauté de l'impression, 77.

Bible : premier produit de la presse, 20, 29.

Bibliographie : associations de savans qui cultivent cette science en Angleterre et en France ; productions de la dernière, 172, 173 et suiv.

Biffage des livres au 15me *siècle*, 208.

Blancs (répartition des), 232 ; — abus que l'on en fait dans les éditions modernes, *idem.*

Bodoni, 10, 89, 90, 91, 98, 100, 101, 109, 110, 111 ; — point d'où il est parti pour devenir un imprimeur habile, 114 ; — son Virgile, 115 ; — imprimeur courageux, 117 ; — pâlissait sur des minuties, *idem* ; — était un homme de grand talent, 118 ; — son *Oraison Dominicale*, ouvrage brillant, *idem* ; — son *Manuel*, riche collection de caractères qui sont répétés trop souvent, 119 ; — Bodoni a eu de grands protecteurs, *idem* ; — était injuste envers les artistes ses confrères, 120 ; — affectait de repousser ce qui était français, *idem* ; — le roi de Naples Murat l'avait désigné pour imprimer une belle collection de classiques, dont il n'a paru que quatre ouvrages, 122, 123 ; — l'incorrection a causé le discrédit de ses éditions, 123 ; — une sœur de Bonaparte, sa protectrice, 130 ; — comparé à P. Didot, 131 ; — imprimait lui-même ses éloges, 228 ; — examen de son *Manuel typographique*, 229 ; — trois beaux ouvrages de lui, 231.

Boileau Despréaux dans une seule ligne : anecdote sur Bodoni à ce sujet, 118.

Bonaparte (Lucien) : sa petite imprimerie à Paris ; anecdote à ce sujet, 130.

Bowyer, savant imprimeur anglais, 47, 70.

Breitkopf (J.-G.-E.), de Leipzig, artiste courageux et savant, auquel l'Allemagne doit un tribut continuel d'hommages, 48, 72 et suiv.

Burlesque (le) dont fut affectée la typographie il y a quelques années, venait de l'Angleterre, 144.

Byron (lord) à Genève, 44 ; — sa bienfaisance, 65 ; — malheur à Sestos : générosité de Byron, 218.

Capelle, son *Manuel* : cet homme n'était pas assez typographe pour faire un tel ouvrage ; ce qui en a paru est dû en partie à M. Ch. Nodier et à la complaisance de plusieurs typographes de Paris, 162, 163.

Caractères Didot: leur beauté, 132, 153.

Caxlon, célèbre fondeur de Londres, 156.

Caxton, premier imprimeur de l'Angleterre, éveille l'inquiétude du clergé, qui veut anéantir la nouvelle découverte, 46, 68; — erreur de M. Peignot à son égard, 70; — Rowland Philippe, son antagoniste, 166.

Champ-de-Mars (Exposition des produits de l'industrie au), 110; — on y imprime les *Droits de l'homme* en plein air, 126.

Charte (la), multipliée à l'infini, 147; — appréciation de cette œuvre, 164 et suiv.

Clymer (*Georges*), de Philadelphie : sa belle presse, dite *Colombiane*, 102, 139, 140.

Compositeurs, qui savent lire à peine, 8; — bon compositeur n'est pas une machine, 80; — mauvais, nuisible à la marche des ateliers, 224, 225.

Conrad, moine d'Héresbach : sa diatribe contre les lettres en général, 56; — antidote de cette diatribe, par un moine du 15me siècle, 166.

Contrefaçons: par le prix élevé de ses livres, la France met dans la nécessité d'en faire à l'étranger, 124.

Correction des épreuves: base essentielle de la beauté d'un livre, et ce qui le fait rechercher, est très-négligée de nos jours, 208 et suiv. — Ce qu'il faut pour avoir des éditions correctes, *idem* et suiv. — Innovation singulière pour la correction des premières épreuves, 210.

Coster (*Laurent*), de Harlem : croyance qu'il faut apporter au conte qui le fait passer comme inventeur de l'Imprimerie; réfutation, 24, 201 et suiv.

Crapelet, célèbre imprimeur français, 91, 103; — a contribué à l'illustration de la typographie, 125; — son opinion sur l'importation du baroque, 158; — réfutation de son opinion sur l'ancienne désignation des caractères, 225.

Dibdin (*Thomas Frognall*), savant bibliographe anglais : son opinion sur les belles éditions de M. Pierre Didot, 111; —

est appréciateur de bonnes éditions, mais n'est point typographe, 172; — fondateur du club de Roxburghe, *idem*.

Didot (les) : ce qui distingue en général leurs éditions, 132.

Didot (*Firmin*), rival de son frère, 92, 99, 100, 103; — papetier, fondeur, imprimeur célèbre; bon graveur, a donné les beaux caractères d'écriture, dits *anglaises*; son *Camoëns* et sa *Henriade*, 127; — s'est distingué à la tribune délibérative, 128; — pourrait donner un beau livre sur l'art, 9, 163.

Didot (*Pierre*), 11, 89, 90, 91, 99, 100, 101, 109 et suiv. — ses éditions de luxe, 110 et suiv. — homme d'une grande douceur, se plaisait à diriger l'ouvrier dans le travail, 112; — usage qu'il a fait de son beau talent, 113; — caractère de ses impressions, 114; — le titre de son *Boileau* blesse l'œil, 118; — comparé à Bodoni, 131; — ses ouvrages comme littérateur, 227.

Didot (*François-Ambroise*), homme d'un très-grand mérite, et père de Pierre Didot, 108; — son système de points pour les caractères, 225.

Didot (*Jules*), fils de Pierre Didot : son bel atelier, 103, 139, 146; — a produit de belles choses, 159.

Division des mots: difficultés qu'elle offre pour conserver la beauté de l'espacement, 131.

Éditions des 16me *et* 17me *siècles*, surchargées de notes, etc. 106; — des ouvrages remplis de difficultés se faisaient alors proprement, 224.

Éditions Diamant et Microscopiques, 186.

Élèves (*bons*) : ce qu'il faut faire pour en avoir, 8.

Elzévir : par leur activité, la pureté des textes et la forme de leurs nombreuses éditions, ils répandirent le goût des bonnes études, 45; — le *Corpus Juris civilis*, de Louis et Daniel, est un chef-d'œuvre, 66 et suiv.

Espacement: ce qui en fait la beauté, 131; — de la ponctuation, 132; — originalité d'un imprimeur écossais pour l'espacement, 174.

Espagne, a grandi deux fois : sa position, état de la typographie dans ce pays, 75 et suiv. —ne doit un jour quitter son ignorance que par la puissance de la presse, 148.

États-Unis: ont plus de journaux que tout autre pays, 239.

Étienne (les), savans illustres et typographes distingués, 42; — exposaient leurs épreuves aux regards des passans, et payaient une prime pour chaque faute qu'on leur signalait, 42, 61; — visite de François Ier, 152.

Fauste, 18, 22, 23, 26, 27; —apporte des Bibles à Paris, et pour ce fait est accusé de sortilége, 31; — charmante narration du bibliophile Jacob à ce sujet, 32 et suiv. — déchargé de l'accusation portée contre lui, 35.

Fautes dans des éditions courantes, signalées à livre ouvert, 213 et suiv.

Figgin's, célèbre fondeur de Londres, 156.

Fleurons, *vignettes :* le bon goût en proscrit l'abondance, 232.

Fournier (*Pierre-Simon*) a fait de grands efforts pour retirer l'art de ses vieux langes : on lui doit beaucoup, 48, 71, 108.

France (la) toujours souveraine par le goût, 47; — ses beaux jours de gloire, 91; — sa presse n'est pas populaire, 182; — mise en parallèle avec l'Angleterre, 182 et suiv.

François Ier encourageait les artistes par des distinctions honorables, 42.

Franklin, libérateur du Nouveau-Monde, 152; — sa perfectibilité morale, 188.

Fulton : sa belle découverte de la force de la vapeur fut dédaignée d'abord, 183.

Garamond, célèbre fondeur, grava des caractères grecs par ordre de François Ier, sur les dessins d'Ange Vergèce: Robert Etienne s'en servit pour ses éditions, 107.

Genève, terre hospitalière, donne asile aux victimes de l'intolérance religieuse, 43; — généreuse envers la Grèce expirante, *idem;* — ses environs si beaux inspirèrent de nouveaux chants à lord Byron, 44; —hommage à Genève, terre de liberté, *idem.*

— Retour à Genève : Meillerie, Clarens, Coppet, souvenirs, 50, 80 ; — Bonnet, De Saussure, 51 ; — son importance, son dévouement pour les proscrits, 63 et suiv.— Voltaire, Calas, Rousseau, 84 ; — instruction, luxe des familles, 85.

Géring (Ulric), de Lucerne, 42, 60.

Gigantesque (livre), en Angleterre, 187.

Gillé, imprimeur et fondeur de Paris, a donné une forte impulsion à l'art, 93, 129.

Gonzalès (Nicolas), imprimeur espagnol : sa presse, où l'on pouvait travailler assis, 78.

Gothique (le) a bien fasciné les yeux dans l'art typographique, 144, 146 ; — engouement qu'on a eu pour lui, 157 ; — manie d'un imprimeur de la capitale à ce sujet, *idem*.

Goût (le), vicié en typographie par l'imitation des types grotesques de l'Angleterre, 156. — En fait de goût, les jugemens des amateurs ne sont pas à dédaigner, 162.

Grandjean, graveur : l'imprimerie royale de France était pleine de ses vieux types, 108.

Gravure en bois, 220.

Grèce : Navarin, 153, 154, 191.

Grotesque (genre), 163.

Guttemberg, 18, 26, 27.

Hansard, auteur anglais, 9, 140 ; — description de son ouvrage sur la typographie, 180.

Harlem : prééminence de cette ville sur Mayence, comme berceau de l'imprimerie, 24 ; — réfutation développée de cette fable, 201 et suiv.

Henri Étienne condamné à être brûlé : sa plaisanterie à ce sujet, 62, 63.

Ibarra (Joachim), imprimeur de Madrid, inventeur du satinage, 49, 76 ; — son encre, qu'il faisait lui-même, 78.

Inde (l') : coup d'œil sur le publicisme dans cette contrée, ce qu'il doit y produire un jour, 233 et suiv.

Initiales mates et gigantesques, 158.

Invention, 17 et suiv., 26-29 ; — heureuse circonstance de la gêne des inventeurs, favorable à la propagation, 30.

Italie (l') : son existence politique à notre époque, 192 ; — imitation d'une ode de Pétrarque en rapport avec les événemens du jour, 196 ; — les *Eminenti*, soutiens du pape, 197.

Jacob (*le bibliophile*) : narration extraite des *Soirées de Walter Scott à Paris*, sur la mésaventure de Fauste et de ses Bibles, 32.

Jenson, inventeur du caractère romain, ou Lettres latines, 39, 54.

Johnson (*John*), savant typographe anglais, 9, 140 ; — description de sa *Typographia*, 176 ; — a imprimé l'ouvrage de Savage, et donné de beaux tableaux, 180.

Jules II et Michel-Ange, 13, 14.

Junius (*Adrien*) : sa relation, 24.

Junte (les), célèbres imprimeurs de Venise et de Florence, 42, 60.

Léger, fondeur : a contribué à la restauration de l'art, 93, 129.

Lettres typographiques : ce qu'elles étaient dans l'origine de l'art, 27.

Lithographie appliquée à la typographie, 220.

Louis XI accueillit l'imprimerie pour se procurer beaucoup de Bibles, 34, 104.

Louis XIV réclamant l'exécution du règlement de Charles IX, contre les éditions incorrectes, 211.

Luce, graveur de colifichets pour l'imprimerie du Louvre, 108.

Magistrature en France : toujours opposée à l'arbitraire ombrageux du Gouvernement, 35.

Manuce (*Paul*), fils d'Alde, directeur de la Propagande, 105.

Manuel typographique à faire, mais non pas un livre de métier, un livre de routine, 9, 163.

Matrices, 27, 28.

Molé, habile fondeur : a coopéré à la rénovation typographique, 93, 129.

Myopes (*éditions*) : manie des Français pour ces éditions, dont la plupart dignes de la beurrière, 157, 186.

Or (*impression en*), 9, 13.

Origine de l'Imprimerie. Existe-t-il des doutes à cet égard? 24, 201 et suiv. — sujet d'une épopée, 29 et 30.

Ouvriers (bons) à la presse, fort rares, 79. — Conditions auxquelles on soumettait les ouvriers dans les 15me et 16me siècles, 107.

Ouvriers manœuvres, victimes de la cupidité, 80; — *ignares*, nuisibles à l'art, 212.

Pannartz, imprimeur célèbre, 42, 58.

Papier : usage qui s'est perdu, de l'examiner pendant le tirage, 210.

Pinard, célèbre imprimeur contemporain, 146; — appréciation de son *Temple de Gnide,* in-folio, 159; — ses spécimen, 161.

Plantin, 42; — histoire de sa fortune, 58, 152.

Platine, 28.

Pline l'ancien : citation du Vieillard agriculteur accusé de sortilége, morceau traduit par Delille, 36.

Poinçons, 27.

Points : système métrique des caractères, inventé par M. François-Ambroise Didot, double la valeur d'un atelier qui est fourni de ces caractères, 225.

Polynésie : imprimerie dans cette nouvelle terre, 223.

Préceptes, 101, 162.

Propagande (Imprimerie de la) : réellement établie par Sixte-Quint, 105.

Publicisme (état du) pour les cinq parties du monde, 240.

Quadratins pour espacement dans l'intérieur des textes, est un usage anglais : en France, on ne l'adopte pas, 132.

Rignoux, célèbre imprimeur de l'époque, 146; — homme très-actif, excellent praticien lui-même, 161; — jugement sur quelques grands ouvrages qu'il a imprimés, 161, 162, 163.

Robert Étienne, persécuté, se retire à Genève, 43, 62; — son éloge par le président De Thou, 63.

Rome : Sweynheim, Pannartz et Ulrich Han, y élevèrent la première imprimerie, 54; — sa Cour ne se méprit pas sur l'importance de l'imprimerie : comment elle utilisa cette découverte, 104 et suiv.

Rousseau (J. J.) : pourquoi sa demeure a-t-elle disparu à Genève? 51, 81; — âme expansive de ce grand écrivain : quelques lignes de ses *Confessions*, 82; — souvenir de la fête genevoise, tableau charmant, écrit d'une manière inimitable, 83; — ses titres à la reconnaissance de l'humanité, 81; — destruction à Genève de la maison où il fut élevé, *idem;* — citation sur la mort de sa mère, 82; — citation de la fête de Saint-Gervais, *idem;* — Insulte faite à sa cendre, 85, 86, 92.

Routine : on ne s'en est pas encore décroûté, 8, 11, 29.

Roxburghe (Club de), à Londres : association de trente-un bibliographes, 172; — la France a aussi son Roxburghe : ses productions, 173.

Satinage des livres : nuisible à la beauté de l'impression, 77.

Savage (William), écrivain anglais, a donné un bel ouvrage sur la typographie de son pays, 9; — description de cet ouvrage, 178.

Schœffer, 19, 26, 27.

Stanhope (Charles), 102; — élève de Le Sage, genevois, 133 et suiv. — s'est toujours montré l'ennemi de l'aristocratie, 134; — mis en rapport avec son fils, 136; — sa fille, lady Esther, *idem;* — sa presse, 137.

Stéréotypie de Firmin Didot, à l'exposition des produits de l'industrie, au Champ-de-Mars, 92; — son *Anglaise*, 93.

Thesaurus (le) *linguæ latinæ* est un des chefs-d'œuvre de l'ancienne imprimerie ; ce livre atteste les profondes connaissances théoriques et pratiques des typographes contemporains de Robert Etienne, qui l'a produit, 42, 61.

Tierces : doivent être vérifiées soigneusement, 210; — *tierces banales :* ne point les souffrir, *idem*.

Titres des éditions Didot : ce qui les distingue, 132.

Toucheurs : leur recrutement à Troyes, en Espagne, en Russie, 78, 79.

Travailleurs : plus vénérés en Angleterre qu'en France, 182.

Typographie : ce qu'elle a été jusqu'à ce jour, 7; — n'a pas encore eu son poète spécial, 8; — coup-d'œil sur sa marche dans les 15ᵐᵉ, 16ᵐᵉ et 17ᵐᵉ siècles, 104 et suiv. — Elle est l'effroi de l'arbitraire, 154.

Vaflard, fondeur, dont le gras des caractères était prononcé, 93, 129.

Vapeur (la) : puissance de cet élément, qu'on appelait *fumée* autrefois; ce qu'il est devenu dirigé par le génie, 53, 86; — économie des presses à vapeur, 221 et suiv. — nouvelle presse à vapeur par Thonnelier, 223.

Vibert, graveur, a singulièrement contribué à l'amélioration des caractères, 93, 129.

Vignettes. Voyez *Fleurons*.

Virgile de P. Didot, 110; — de Bodoni, 115.

Voltaire: souvenir de son apothéose, 84, 85, 92; — ses ouvrages, défendus par le mandement du grand-pénitencier de Paris, 146, 164.

Witaker, artiste de Londres, qui ne fait que des impressions en or, 47, 71.

FIN.

ERRATA.

Page 74, lignes 11 et 12 : tentations, *lisez* tentatives.
     76, ligne 15 : avant, *lisez* auparavant.
   107, ligne 22 : Ange Vergen, *lisez* Ange Vergèce.
   — ligne 24 : tout autres, *lisez* tous les autres.
   116, ligne 9 : avait paru, *lisez* avaient paru.

www.ingramcontent.com/pod-product-compliance
Lightning Source LLC
Chambersburg PA
CBHW070641170426
43200CB00010B/2090